Roberto Saviano
Giovanni di Lorenzo

Erklär mir Italien!

Roberto Saviano
Giovanni di Lorenzo

Erklär mir Italien!

*Wie kann man ein Land lieben,
das einen zur Verzweiflung treibt?*

Übersetzung:
Sabina Kienlechner

Kiepenheuer
& Witsch

Lektorat: Caroline von Bar

MIX
Papier aus verantwortungsvollen Quellen
FSC® C083411

Verlag Kiepenheuer & Witsch, FSC® N001512

2. Auflage 2017

Umschlaggestaltung: Rudolf Linn, Köln
Umschlagmotive: © Gene Glover (Autorenfotos); © plainpicture/Cultura/Sofie Delauw
Übersetzung: Sabina Kienlechner; Sabina Magnani von Petersdorff; Verena von Koskull
Gesetzt aus der Garamond und der Bodoni
Satz: Buch-Werkstatt GmbH, Bad Aibling
Druck und Bindung: CPI books GmbH, Leck
ISBN 978-3-462-04971-8

Inhalt

Wie alles begann

Ein Vorwort von Giovanni di Lorenzo

Wahre Liebe, sagt man, ist eine, die darauf beruht, dass man den anderen wirklich kennt und schätzt, auch wenn er noch so viele Schwächen hat. Die große Liebe der Deutschen zu Italien ist mir oft ein Rätsel: Kennen sie dieses Land und seine Bewohner wirklich? Oder gilt ihre Sehnsucht etwas, das sie aus der Ferne vielleicht idealisieren?

Seit mehr als vier Jahrzehnten lebe ich als halber Italiener in Deutschland und habe erlebt, wie sich der Blick der Deutschen auf Italien gewandelt hat. Als ich Anfang der Siebzigerjahre von Rom nach Hannover zog, hatten die Italiener - abgesehen von den Künstlern, die man aus der Welt der Literatur oder des Kinos kannte und genauso verehrte wie die Kulturstätten - eher den Ruf, unsichere Kantonisten zu sein: nie ganz seriös, zum großen Pathos neigend. Italien war in dieser Vorstellung ein Land von flirtenden Bademeistern, öligen Tenören, streng behüteten Lollobrigida-Schönheiten und, ganz wichtig: ebenso hinterhältigen wie komödientauglichen Fußballspielern (dieser

Archetyp wird wohl noch meine hoffentlich fußballbegabten, aber leider noch nicht geborenen Enkel verfolgen).

Manche übersprangen diese Vorurteile und gingen gleich zur Schmähung über: Die entfremdeten Gastarbeiter aus dem tiefen Süden wurden als Spaghettifresser tituliert - oder als Itaker. Das schöne, das antike Italien war für viele, mit denen ich damals sprach, offenbar eine Art Disneyland mit Meeresblick. Am humanistischen Gymnasium in Hannover fragte mich ein Mitschüler, ob es in Rom richtige Häuser gebe - während ich damals den Eindruck hatte, in einer Eiswüste gelandet zu sein. In dieser Zeit war auch meine Italien-Sehnsucht am stärksten (und dabei wahrscheinlich auch sehr deutsch): Ich vermisste alles, die Großfamilie, das Essen, die alten Kirchen und die blühenden Pfirsichbäume, das Licht, die Schlager aus der Jukebox in der Bar.

Seitdem hat sich an dem Italien, wie es die Deutschen sehen, vieles verändert - nicht nur, weil Deutschland ein weltoffenes Land geworden ist mit geradezu besessen reiselustigen und neugierigen Menschen. In den Siebzigerjahren wurde Italien hip, besonders bei den Linken, weil nirgendwo sonst im Westen die Herrschaft des Proletariats - »Bandiera rossa la trionferà« - nur noch eine Frage der Zeit zu sein schien (und nicht ganz so furchterregend wie zum Beispiel in der DDR, weil mit viel italienischem Herzen). Die Achtziger waren dann das Jahrzehnt von »Made in Italy«, wo alles, was aus Italien kam, plötzlich als geschmackvoll galt, sogar die Muster von Versace. In den Neunzigern fanden die Deutschen Italien auch noch ziemlich cool. Ich erinnere mich an den runden Geburtstag einer eigentlich intelligenten Freundin, die als Party-Motto »Mafia-Look« ausgegeben hatte. Ein Gast sagte mir ins Gesicht: »In Italien haben selbst Verbrecher noch irgendwie Charme.« Mir drehte sich der Magen um.

Dann kam Silvio Berlusconi. Das anfängliche Staunen wich in den 20 Jahren seiner Ära dem Unverständnis und dem Entsetzen. Keine Frage habe ich in dieser Zeit häufiger gehört als diese: »Kannst du mir bitte erklären, was in Italien los ist?« Ehrlich gesagt: Ich konnte es kaum. Auch ich fragte mich, warum man Berlusconi alles durchgehen ließ und warum die Hälfte der Bevölkerung ihn wählte. Wenn man aber mit Italienern redete, zumindest in Deutschland, wollte es nie einer gewesen sein.

Der Blick der Italiener auf die Deutschen war immer nüchterner, misstrauischer, aber auch ehrfurchtsvoll. Bis heute wollen sie von mir ganz oft gleich nach der Begrüßung wissen: »Und was denken die Deutschen so über uns?« Wie erleichtert sie wirken, wenn ich vorsichtig formuliere, man sei doch irgendwie ganz beeindruckt! Deutschland: der TÜV für Italien.

Berlusconi stürzte im November 2011, seitdem sind drei weitere Ministerpräsidenten gegangen. Während ich diese Zeilen schreibe, hält sich der vierte noch im

Amt, allerdings sind Neuwahlen bereits in Sicht. Es ist nicht leichter geworden, das Land zu verstehen.

Hin und wieder ist mir aber ein Licht aufgegangen, und zwar dann, wenn ich das Vergnügen hatte, mit Roberto Saviano zu sprechen. Als wir uns zum ersten Mal begegneten, wurde er schon als neue Hoffnung unter den Schriftstellern Italiens angesehen. Bewacht von Polizisten traf ich ihn im Café Einstein in Berlin, einen schüchternen Mann mit stechendem Blick. Er wirkte reifer, als es sein Alter vermuten ließ. Nur wenn er auflachte, merkte man, dass er erst 27 Jahre alt war. Es zeichnete sich damals bereits ab, dass *Gomorrha* ein Weltbestseller werden würde. Allein in Deutschland sollte sich das Buch über die neapolitanische Mafia 700 000 Mal verkaufen.

Seitdem ist Roberto Saviano Gefangener seines Ruhms und seines Personenschutzes, ist er Zielscheibe von Anfeindungen, die mit jedem Jahr und jeder seiner Äußerungen - längst nicht mehr nur die Mafia betreffend - noch zunehmen. Sein Blick auf Italien jedoch ist unbestechlich geblieben. Vor allem aber ist er ein unnachahmlicher Erzähler, packend, unverstellt und lebensnah. Er hat das seltene Talent, scheinbar disparate Ereignisse, manchmal auch nur folkloristisch erscheinende Phänomene systemisch zu verknüpfen, wenn er beispielsweise im wilden, farbenfrohen Pferderennen von Siena die Wesenszüge der italienischen Gesellschaft wiedererkennt.

Schon vor Jahren entstand die Idee zu einem Gesprächsband, dessen Titel Programm sein sollte: »Erklär mir Italien!«, einem Buch, in dem das Anziehende und das Abstoßende zusammenkommen sollten, wie in der Unterzeile angedeutet: »Wie kann man ein Land lieben, das einen zur Verzweiflung treibt?«

Mehr als zwei Jahre haben Roberto Saviano und ich an diesem Projekt gearbeitet. Mal redeten wir beim Essen in einem Strandrestaurant in der Toskana – begleitet von vier Leibwächtern in einem abgetrennten Abschnitt des Lokals. Mal trafen wir uns inkognito in Berlin – wohin er endlich einmal ohne Bewachung fliegen konnte –, mal am Rande einer Preisverleihung, bei der Bundeskanzlerin Merkel ihn würdigte, mal redeten wir via Skype zwischen Hamburg und New York.

Am Anfang zögerte Roberto: Meinst du, man lässt mich danach noch ins Land? Was er meinte, war: Wie offen darf man sprechen, ohne als Nestbeschmutzer zu gelten? Ich habe selten einen Italiener getroffen, der so schonungslos redet wie er. Er tut es in dem Wissen, dafür in Italien immer wieder Prügel zu kassieren. Gelegentlich haben auch wir uns beim Reden über das Land gestritten, was aber nur beweist: Italien kann man mit normalen Maßstäben nicht erfassen. Es wird sofort leidenschaftlich. Wie bei jeder großen Liebesgeschichte.

Giovanni di Lorenzo, im September 2017

»Man kann Mozzarella nicht in den Kühlschrank stecken«

Zum Warmwerden: ein paar Italien-Klischees

Lieber Roberto, du hast mal zu mir gesagt: Wenn du in fremde Länder reist, dann möchtest du als Erstes ihre »dunklen Seiten« kennenlernen.

Das stimmt. Die interessantesten Winkel einer Stadt liegen abseits der Museen, der Restaurants und Touristenattraktionen. Ich beobachte die Welt am liebsten von ihrer finsteren Seite her, das ist ein Faible von mir. Mich interessieren die Reviere der Drogenhändler, der Slang der Pusher ...

Und das findest du im Netz. Auch auf Pornoseiten ...

Man muss sich die Statistik ansehen: Wer sind die Leute, die Pornoseiten aufsuchen, wie oft tun sie das, wie alt sind sie, was suchen sie dort? Ich will nicht wissen, was für sexuelle Vorlieben die Russen, die Deutschen, die Italiener haben, ich bin vielmehr an den Webseiten interessiert, die am häufigsten aufgesucht werden.

Damit wärst du der erste Mann, den ich je kennengelernt habe, der auf Pornoseiten mit der Brille eines Soziologen schaut.

(lacht) In der Unübersichtlichkeit der Masse kann man gut geheime An- und Verkaufskanäle für Drogen schaffen. Auf manchen Webseiten, die angeblich Escortdienste vermitteln, kann man ohne Weiteres erfahren, wo es Koks zu kaufen gibt. Oder, um ein weiteres Beispiel zu nennen: Wenn zwei Leute beim Chatten das Wort »Champagner« benutzen, sprechen sie oft in Wahrheit über Drogen. Und nicht nur das: Die Pornoseiten werden auch von kriminellen Organisationen mit islamistischem Hintergrund benutzt, die dort ihre Informationen austauschen. Ausgerechnet an diesem typischen Ort der Sittenlosigkeit, wo man sie zuallerletzt vermuten würde. Selbstverständlich vermittelt die Statistik dieser Portale aber auch einen Einblick in die sexuellen Gebräuche eines Landes: welche Gelüste die dort lebenden Menschen haben, was sie tun, wenn das Licht erst einmal ausgeknipst ist, wer sie in Wahrheit sind.

Und was könnte man auf diesen Seiten über Italien lernen?

Auf einem Portal für Pornofilme gibt es eine Weltkarte, auf der man sehen kann, welche Suchbegriffe in welchen Ländern am häufigsten eingegeben werden. Für Italien ist das Wort »mom« immer dabei.

Das klingt wie erfunden: Die mutterfixierten Italiener suchen selbst in Pornos noch nach der Mutter!

Unglaublich, aber wahr. Die Karte mit den meistgesuchten Begriffen eröffnet dir Welten, über die sonst niemand ein Wort verlieren würde. Das Wort »Mamma«, das die Italiener wie ein Mantra wiederholen, hat heute mehr denn je eine politische Bedeutung. In Italien, wo das Vertrauen in die Institutionen auf einem historischen Tiefpunkt angelangt ist, muss die Familie für alles herhalten. Wenn man sich auf den Staat nicht verlassen kann, muss man andere Wege finden, um zu überleben oder um überhaupt leben zu können. Die Familie, die Freunde werden auf diese Weise zu einer Art Armee, deren man sich bedienen kann.

Die Liebe der Deutschen zu Italien speist sich besonders aus den Klischees, die es über das Land gibt: Dazu gehört die Großfamilie, dazu gehören auch die angeblich so romantischen Italiener. Für mich ist es aber eines der pragmatischsten Völker, die ich kenne.

Völlig richtig, das ist ein riesiges Missverständnis. Wenn ein Italiener einer Frau den Hof macht, hält man sein Theater für romantisch, er verspricht ihr das Blaue vom Himmel. Er lädt sie nach Hause ein und bewirtet sie wie eine Königin, doch am Ende geht es darum, die Frau ins Bett zu kriegen – oder jemanden zu einer Gefälligkeit zu überreden. Es kommt einzig und allein darauf an, dir das Gefühl zu geben, du seist das Wichtigste auf der Welt. Wenn ich ein italienisches Restaurant betrete und dem Koch ein Kompliment mache, habe ich binnen einer Minute einen neuen Freund. Aber diese Freundschaft ist funktional und oberflächlich, Italiener haben zigtausend solcher Freunde.

Steckt also hinter dem ganzen Gehabe immer Berechnung?

Nein, nicht immer. Es gibt durchaus auch eine wirklich romantische Seite. Aber apropos Romantik: Die Italiener, oder genauer, die Neapolitaner, besitzen eine echte Tugend, nämlich die Verehrung der Frauen. In Neapel, in den Quartieri Spagnoli, wo ich gewohnt habe und nach denen ich mich bis heute sehne, gab und gibt es auch heute noch viele deutsche Touristinnen. Die deutsche Frau mit ihrer porzellanweißen Haut, das ist seit jeher ein neapolitanischer Mythos. Deutsche Frauen haben mir häufig versichert, dass zum Schönsten, was Neapel zu bieten hat, die neapolitanische Höflichkeit gehört. Für die Neapolitaner gibt es überhaupt nur schöne Frauen, und das ist doch großartig.

Ich habe das in Neapel gegenüber Frauen aus dem Norden auch als ziemlich aufdringlich empfunden. Aber lass uns einen Moment beim Klischee der Romantik bleiben: Es gibt da ein Ereignis in meiner Familie, das ich nie vergessen habe. Ich hatte eine wunderbare

Tante in Florenz, eine ungewöhnliche Frau, überzeugte Antifaschistin. Als sie meine deutsche Mutter kennenlernte, machten sie zusammen einen Spaziergang - ich weiß nicht mehr, wohin. Danach jedenfalls konnte meine Mutter sich gar nicht mehr beruhigen vor Begeisterung über dieses Erlebnis. Meine Tante schwieg eine Weile, und dann sagte sie:

»Marianne, wenn ich dich so reden höre, verstehe ich endlich, was der Nationalsozialismus war.«

»Warum das denn?«

»Dass du dich für einen simplen Spaziergang so begeistern kannst, erklärt mir, wie ein ganzes Volk über einem Hitler den Verstand verlieren konnte.«

Meine arme Mutter brach in Tränen aus. Aber es steckt doch ein Körnchen Wahrheit darin: Die Italiener lassen sich vielleicht weniger leicht verzaubern.

Oh, davon bin ich nicht so überzeugt, zumal wir es mit einem Volk zu tun haben, das ja doch mit den Nazis verbündet war. Wir Italiener sind vielleicht keine naiven Träumer, aber wir sind sehr wohl verführbar. Das Volk lauscht den Verführungen des Politikers – gestern war das Silvio Berlusconi, heute ist es Matteo Renzi oder Beppe Grillo –, und der politische Verführer macht mit ihm, was er will. Sehr typisch war Achille Lauro, ein Reeder und in den Fünfzigerjahren Bürgermeister von Neapel, der auf seinen Wahlveranstaltungen Hunderte linke Schuhe verteilte, den dazugehörenden rechten Schuh gab es dann erst nach der Wahl. Manchmal verteilte er auch nur Nudeln.

Und klappte das auch nur mit Nudeln?

Ja! Es waren nämlich die langen Maccheroni aus Gragnano, die allerbesten.

Die, die man mit den Händen von oben direkt in den Mund hineinfallen lässt, so wie man das auf Bildern aus dem 19. Jahrhundert sehen kann?

Ja, ja, genau die.

Es ist das erste Mal, dass ich deine Augen leuchten sehe. Kann man auch einen so melancholischen Intellektuellen wie dich für die neapolitanische Küche begeistern?

Und ob! Die Bedeutung der italienischen Küche erkennt man daran, dass sie für uns geradezu identitätsprägend ist, ähnlich wie bei den Juden: Selbst die assimilierten Juden essen kein Schweinefleisch und respektieren den Sabbat. Wenn mein Vater etwas essen soll, das ihm nicht schmeckt, sagt er: »Und das, was ist das? Kommt das aus Mailand?« Er mag einfach keine fremdländische Küche.

Aber Mailand ist doch kein fremdes Land!

Das ist ja der Witz! Er liebt vor allem Pizza und Mozzarella, aber nur, wenn sie aus seiner Heimatstadt kommen. Ihm verdanke ich meine Leidenschaft für die traditionelle neapolitanische Küche. Mein Vater sagte einmal etwas sehr Schönes über den Mozzarella, den auch ich ganz besonders liebe: Man kann keinen Mozzarella exportieren, die Leute müssen herkommen und ihn hier verzehren. Denn nur in Süditalien schmeckt er so, wie er schmecken soll ...

... weil er nicht im Kühlschrank aufbewahrt wird?

Das wäre sein Ende! Mein Vater, der immer sehr einfallsreich ist, entwickelte deshalb folgende Idee: »Man müsste Flugreisen organisieren und Busfahrten zur domitianischen Küste, nach Mondragone und zu den griechischen Tempeln von Paestum. Dort müsste man dann einen Mozzarella essen: Das wäre ein wahrhaft unvergessliches Erlebnis. Man kann den Mozzarella doch nicht auf Lastwagen packen und ihn in Kühlschränke stecken!« Einen ausgewanderten Mailänder oder Piemontesen, Florentiner, Neapolitaner wird man auch dann, wenn er längst Deutscher oder Amerikaner geworden ist, immer noch an dem wiedererkennen, was er isst: Cannoli, Pizza, Bagna cauda, Cacciucco. Auf diese Weise bewahrt er sich seine verlorene Identität. Ich beobachte das immer wieder, auch in New York.

Kann man in New York, wo du große Teile des Jahres verbringst, einen guten Mozzarella finden?

Nein, ich jedenfalls habe bisher noch keinen finden können, obwohl ich sehr danach gesucht habe. Es ist wirklich paradox, dass die italienische Küche zwar die ganze Welt erobert hat, aber jenseits der italienischen Grenzen verloren geht, weil sie sich an die lokalen Geschmäcker anpasst: Pizza nach deutscher Art, Mozzarella à l'américaine. Und es gibt noch einen weiteren Grund, weshalb die wahre italienische Küche sich jenseits der Grenzen nicht halten kann: Die am häufigsten besuchten Portale über italienische Ess- und Weinkultur sind gar nicht italienisch. Das kriegen wir einfach nicht hin!

Wenn das schon unser größtes Problem wäre!

Ja, eins zu null für dich. Die Bürokratie ist viel schlimmer. Aber man versöhnt sich immer wieder mit dem Land, wegen seiner guten Küche. Das habe ich schon als Junge oft an den vielen deutschen, österreichischen und englischen Touristen beobachten können, die in Paestum ihre Ferien verbrachten. Auch ein Tourist, der in der sizilianischen Stadt Noto eine Mandel-Granita mit Schlagsahne genießt, ist davon hin und weg und glaubt, die Italiener lebten ständig im siebten Himmel. Wenn derselbe Tourist dann anschließend noch nach Agrigent ins Tal der Tempel fährt, dann muss man sich doch nicht wundern, wenn er angesichts des atemberaubenden Anblicks keinen Sinn für die dunklen Seiten des Landes hat. Es sind dort absolut keine

Probleme zu sehen, und es hat auch niemand ein Interesse daran, sie sich bewusst zu machen und sich damit diesen wundervollen Augenblick zu verderben.

Probleme wie die Kriminalität werden einfach vergessen.

Die Kriminalität, aber auch die Unfähigkeit und das ganze Elend. Warum zum Beispiel steht in Pompeji nicht das bedeutendste Institut für Filme über antike Kunst? Oder ein international führendes Zentrum für Antikenforschung? Warum kriegen wir das nicht hin? Warum gibt es stattdessen dort nur illegale Parkplätze?

Ja, wieso?

Weil diese Gegend immer feudal regiert wurde und man danach jahrzehntelang versäumt hat, für Wachstum und Wohlstand zu sorgen. Stattdessen wurde mit dem geringstmöglichen Aufwand das ausgebeutet, was schon da war. Versuche, etwas zu ändern, gibt es schon, aber es ist nicht leicht, denn die eingefahrenen Mechanismen, die den Status quo erhalten, sind kaum auszuhebeln.

Das ist immer noch so?

O ja, und nicht nur das. Wenn ein erfolgreicher Unternehmer nach Süditalien kommt und dort investieren und etwas aufbauen will, wird er oft regelrecht angefeindet. Die Australier nennen so etwas »Tall poppy syndrome«. Es gibt eine massive Abwehr. Wenn ein multinationales Unternehmen ein neues Produkt an einem historischen, archäologisch bedeutsamen Ort präsentieren will, so wird das meist verboten mit der Begründung, das italienische Kulturerbe dürfe nicht vermarktet werden. Doch anstelle der Vermarktung steht dann nur die Verwahrlosung. Wenn dagegen ein großes Unternehmen auf den Plan träte und die entsprechenden finanziellen Mittel mitbrächte, dann würde nicht nur das Kulturerbe besser erhalten bleiben, diese Stätten stünden dann auch mit einem Mal voll im Licht des allgemeinen Interesses und die organisierte Kriminalität hätte es viel schwerer, ihr Unwesen zu treiben. Doch selbst jene Italiener, die gegen die Mafia sind, stemmen sich unweigerlich dagegen. Rund um Pompeji zum Beispiel wütet eine illegale Bautätigkeit. Auch der Professor, dem nichts mehr am Herzen liegt als die Erhaltung des antiken Pompeji, protestiert lauthals bei dem Gedanken, die archäologischen Stätten könnten zu Werbezwecken »missbraucht« werden, weil er meint, sie würden dadurch verunstaltet. Ich würde vielmehr darauf verweisen, dass sie schon jetzt verunstaltet und verwahrlost sind, aufgrund des chronischen Personalmangels.

Viele befürchten ja, Italien könnte sein Kunsterbe verscherbeln. Findest du es gut oder schlecht, wenn die Restauration des Kolosseums vom Unternehmer Diego

Della Valle, dem Gründer der Luxusmarke Tod's, gesponsert wird?

In Italien meint man, Geld sei schmutzig. Wenn es wirklich so wäre, sollten wir eine Gesellschaft gründen, in der Geld keine Rolle spielt. Aber nein! Die Leute wollen viel Geld haben, ohne es erst mühsam verdienen zu müssen. Das private Sponsoring ist eine gute Sache, und es ist legitim, das kulturelle Erbe für das Wohl des Landes zu nutzen und Eintrittsgeld dafür zu verlangen.

»Die italienischen Mütter sind wahre Bestien«

Über Liebe, Frauen und andere Familiengeschichten

Nichts regt die Fantasie der Deutschen so an wie die italienische Familie: In ihrer Vorstellung ist sie laut, tragisch und komisch zugleich. Wie ist das mit deiner?

In meiner Familie spiegelt sich die Geschichte sowohl Nord- als auch Süditaliens wider. Meine Mutter wurde in Trient geboren, ihr Vater war als Soldat dort stationiert, die Familie stammte eigentlich aus Ligurien. Mein Vater dagegen ist zu 100 Prozent Neapolitaner.

Was sind deine Eltern von Beruf?

Mein Vater ist Allgemeinmediziner, meine Mutter Geochemikerin. Für mich ist sie ein großes Vorbild, eine sehr gebildete Wissenschaftlerin. Sie leitet heute ein großartiges mineralogisches Museum. Die Geschichte der ersten Begegnung meiner Eltern ist sehr anrührend. Nach einem Bad im Meer erkrankte meine Mutter an Typhus. Der Arzt, der sie behandelte, war mein Vater.

Damals erkrankte man noch an Typhus?

Ja, das Meer war wirklich schrecklich schmutzig. Mein Vater hatte gerade erst sein Studium abgeschlossen, er war ein noch sehr junger Arzt. Es ist eine äußerst romantische Liebesgeschichte, aber ich müsste erst fragen, ob ich sie erzählen darf.

Um eine schöne und obendrein unschuldige Geschichte zu erzählen, musst du erst um Erlaubnis bitten?

Ja, das ist eine weitere Besonderheit von uns Süditalienern. Das Private hat privat zu bleiben. Ich bin mit meiner Mutter, meiner Tante und meinem Großvater aufgewachsen. Meine Eltern haben sich schon bald getrennt, was zu jener Zeit eher eine Seltenheit war. Doch mein Vater kam mich oft besuchen. Eben Familie all'italiana. Wenn ich nicht irre, hat auch die Ehe deiner Eltern nicht gehalten, nicht wahr?

Das stimmt, und kurz nach der Trennung ist meine Mutter nach Deutschland zurückgekehrt, zusammen mit mir und meinem Bruder. Wir zogen von Rom nach Hannover ...

Was für ein Sprung!

... ja, ein Riesensprung, ganz vorsichtig und möglichst wertfrei ausgedrückt. Es gab damals auch in Deutschland noch nicht so viele Geschiedene wie heute, aber mit Sicherheit waren sie weniger stigmatisiert als in

Italien. Zweifellos habe ich ein großartiges Italien-Gefühl mitgenommen.

Was meinst du damit?

Vor allem in den Jahren, die ich in Rimini verbrachte, habe ich die klassische italienische Großfamilie kennengelernt. Im Haus meiner Großeltern ging es immer hoch her. Onkel, Tanten und Cousins - nie waren wir mit den Eltern allein. Als Kinder haben wir natürlich die familiären Spannungen und Streitereien nicht so mitbekommen. Das, was ich bewusst erlebt habe, war wirklich schön: Ausflüge, große Tischgesellschaften zum Mittag- und zum Abendessen mit jeweils mindestens drei warmen Gängen. Da habe auch ich eine Art Essenskult entwickelt. Die Italiener sprechen ja schon gegen Ende des Mittagessens davon, was es zum Abendessen geben wird, selbst wenn sie so satt sind, dass sie nicht mehr papp sagen können. Und voller Stolz erzählen sie sich heroische Geschichten: Ich hatte einen Ururgroßvater, der angeblich zwischen Weihnachten und Neujahr das Zeitliche segnete, weil er so viele Cappelletti verspeist hatte, wie er Jahre zählte, nämlich 90! Kennst du die Cappelletti, wie man sie in der Romagna macht?

Schon, aber sie sind bei uns nicht sehr verbreitet. Sie müssen köstlich sein.

Sie sind das Nonplusultra und machen in der Herstellung unglaublich viel Arbeit: ein Aufwand, dem sich heutzutage nicht einmal mehr meine Großmutter unterziehen will. Die Cappelletti sind eine Art Ravioli mit einer Füllung, die zu einem Drittel aus Kalbfleisch, einem Drittel Schweinefleisch und einem Drittel Brust vom Kapaun besteht. Dazu kommt ein Frischkäse, halb Kuh-, halb Schafsmilch. Dann wird dem Ganzen etwas Parmesan, Muskatnuss und Zitronenschale untergemischt. Die Füllung wird von einem sehr dünn ausgewalzten Eiernudel-Teig umhüllt. Man serviert die Cappelletti in einer Hühner-Rinder-Brühe, die so kräftig ist, dass der Löffel stehen bleibt, wenn man ihn in die Suppe taucht.

(*lacht*) Hör auf! Sonst können wir nicht mehr weiterarbeiten. Die Großfamilie spielte auch in meiner Kindheit eine sehr wichtige Rolle. Vieles verdanke ich meinem Großvater. Er war ein typischer Süditaliener, Arbeiter, ein riesenhafter Mann ...

... nicht Arzt wie dein Vater?

Nein, er war Proletarier, er handelte mit Wein. Ein Mann mit einem starken Sinn für Recht und Gerechtigkeit. Schon damals regierte hier die Mafia. Er tat alles, um seine Kinder von ihr fernzuhalten, was sehr schwierig war. Norditalien mochte er gar nicht. Ich erinnere mich noch sehr gut: Jeden Abend, wenn ich mich zum Schlafen legte, kam er an mein Bett - ein riesengroßes Bett, jedenfalls in meiner Erinnerung, mit großen Decken - und fragte: »Welchen Wolf müssen wir jagen?«, und ich antwortete: »Den piemontesischen!«

Als hätte es niemals die Einheit Italiens gegeben - sie ging ja vom Piemont aus!

Mein Großvater mütterlicherseits kam aus Genua, er war Republikaner, ein Anhänger von Giuseppe Mazzini (*einem der Gründungsväter des vereinten Italiens*). Er und mein Urgroßvater wurden in den USA wegen anarchistischer Propaganda inhaftiert und nach Italien abgeschoben.

In seinem Buch The Italians, *das in den Sechzigerjahren erschien, hat Luigi Barzini besonders treffend die Bedeutung beschrieben, die die Familie für die Italiener hat: »Die italienische Familie ist eine Festung in einem feindlichen Land. Innerhalb ihrer Mauern und in der Gemeinschaft findet der Einzelne Trost, Hilfe, Rat, Fürsorge, Kredite, Waffen, Verbündete und Komplizen, die ihm in seinen Unterfangen zur Seite stehen. Kein Italiener, der eine Familie hat, ist jemals allein.«*

Das ist das Fatale daran! Die Familie verspricht Sicherheit und Geborgenheit fürs ganze Leben. Ein Versprechen, das in Italien weder Staat noch Gesellschaft einlösen können.

Ja, das ist allgemein bekannt: Ohne die Familien wäre Italien längst zusammengebrochen.

Ohne Familie ist man in Italien schlichtweg verloren. Um nur ein Beispiel zu geben: Als meine Eltern sich weigerten, mir eine Wohnung zu kaufen, war ich stinksauer, weil die meisten meiner Altersgenossen ein Apartment von ihren Eltern geschenkt bekamen. Das ist übrigens ganz unabhängig vom sozialen Status: Man verzichtet auf alles, nur um den Kindern zu einem Heim zu verhelfen, das ihnen auch wirklich gehört. Das eigene Plätzchen ist das Wichtigste.

Aber du hast doch schon sehr früh deinen Lebensunterhalt selbst verdient?

Schon, aber das tut nichts zur Sache. Heute kann ich mir selbst eine Wohnung kaufen, aber damals hielt ich es für selbstverständlich, dass meine Eltern mir eine kaufen sollten, sei sie auch noch so klein.

In Italien lebt mehr als die Hälfte der jungen Erwachsenen bei den Eltern. Da haben wir noch so ein Italien-Klischee: die Muttersöhnchen, die ihr Leben lang an der Rockfalte hängen ...

Deine Mutter ist Deutsche, nicht wahr?

Ja, sie stammt aus Königsberg, dem heutigen Kaliningrad, im ehemaligen Ostpreußen.

Die italienischen Mütter sind wahre Bestien. Sie verteidigen ihre Kinder mit Zähnen und Klauen, im Guten wie im Schlechten.

Und wie bekommt den Kindern das, vor allem den Söhnen?

Sie stehen vielfach unter einer ständigen, bedrückenden Kontrolle, insbesondere in Süditalien. Das unvermeidliche Umsorgtwerden gehört zur Lebensweise, es führt unter Umständen zu einer lebenslangen psychischen Unreife. In Italien ist es niemandem peinlich zuzugeben, dass er von der elterlichen Unterstützung lebt - auch wenn sie alle lieber unabhängig wären, versteht sich.

Verträgst du einen Witz?

Lass hören ...

Was ist der Unterschied zwischen einer italienischen Mutter und einem Terroristen? Mit einem Terroristen kannst du im Notfall immer verhandeln ...

Ich kenne eine etwas andere Version. Was ist der Unterschied zwischen einer neapolitanischen und einer jüdischen Mamma? Die neapolitanische sagt: »Wenn du nicht aufisst, bring ich dich um.« Die jüdische sagt: »Wenn du nicht aufisst, bringe ich mich um!«

Da ist die jüdische Mutter die anstrengendere ...

Und weißt du was? Mein persönliches Drama besteht darin, dass ich beides ertragen muss: Meine Mutter ist sowohl Süditalienerin als auch Jüdin. Und, um das Ganze noch komplizierter zu machen, sie ist auch noch bekennende Atheistin! *(lacht)*

Spielt die Kirche für die Familien noch eine Rolle?

Die Religion hat noch einen gewissen Einfluss auf die Familie, bei den Gläubigen steht sie an allererster Stelle. Die Frau, auch wenn sie berufstätig ist, verbleibt innerhalb der Familie oftmals der Rolle verhaftet, die ihr traditionellerweise zugesprochen wird. Auch in der jüngeren Generation gibt es nicht wenige Frauen, die ihre Selbstverwirklichung noch immer in der Familie suchen. Nun ja, jeder hat so seine eigenen Wunschvorstellungen; wichtig ist nur, dass man glücklich und zufrieden durchs Leben geht.

Italien hat aber eine der niedrigsten Geburtenraten Europas. Im Jahr 2015 kamen so wenige Kinder zur Welt wie noch nie seit der Gründung der Republik. Wie erklärst du dir das?

Wenn ich nicht irre, ist Deutschland da kaum besser dran.

Das stimmt. Aber warum werden ausgerechnet in diesem Land, dem die Familie heilig ist, so wenige Kinder geboren?

Aus einem einfachen Grund: weil man sie sich nicht leisten kann. Wenn deine Familie dir nicht unter die Arme greift, kannst du nicht nur die eigene Wohnung vergessen, du kannst auch nicht in den Urlaub fahren. Wenn ich sehe, wie schwer es geworden ist, heute in Italien etwas auf die Beine zu stellen, wundere ich mich nicht, wenn man den Gedanken an eine Familiengründung aufgibt. Und doch bleibt die Sehnsucht nach eigenen Kindern und einer Familie immer bestehen.

Würdest du sagen, dass die traditionellen Rollen von Mann und Frau in Italien stärker ausgeprägt sind als in anderen westlichen Ländern?

Ich würde sagen, ja, auch wenn ich das nur aufgrund meiner persönlichen Erfahrung beurteilen kann, die sich möglicherweise von den soziologischen Erhebungen unterscheidet. Wenn ein Südländer wie ich im Ausland lebt, muss ihm auffallen, dass die Beziehung zu den Frauen dort einem ganz anderen Muster folgt. Die meisten italienischen Frauen wollen von den Männern beschützt werden, sie erwarten, dass der Mann, auf den sie sich einlassen, sie heiraten, eine Familie gründen, emotionale Verantwortung übernehmen will. In anderen Ländern ist das nicht so zugespitzt. Wenn junge Italiener von ihren Erfahrungen mit deutschen, französischen oder schwedischen Frauen erzählen, klingt das, als ginge es in diesen Ländern viel lockerer zu, ohne all die konventionellen Auflagen. Zu einem großen Teil ist das natürlich ein Klischee, aber es ist meist doch etwas Wahres dran.

Wann hast du die ersten Erfahrungen damit gemacht?

Damals bei Castel Volturno, wo in der Antike die römischen Patrizier ihre Ferien verbrachten: Dort gab es einen Zeltplatz, den wir als Teenager den »Schweden-Camping« nannten, obwohl dort hauptsächlich Deutsche und Franzosen campierten. Die deutschen Frauen, denen wir dort begegneten, führten uns eine ganz andere, wunderbare Art, sich zu bewegen, vor Augen, frei und ohne jede Hemmung. Meine Freunde waren so begeistert davon, wie die Deutschen ihre Beziehungen auslebten, dass sie sofort auswandern wollten. Einige haben es dann tatsächlich getan. Man kann das natürlich nicht verallgemeinern, und meine damaligen Wahrnehmungen sind die eines unreifen Heranwachsenden. Doch ich meine auch heute noch, dass Italien sich in dieser Hinsicht stark von den nördlichen Ländern unterscheidet.

Wenigstens muss die süditalienische Frau nicht mehr als Jungfrau in die Ehe gehen. In meiner Kindheit redete man noch davon.

Ich denke, die Jungfräulichkeit ist kein Thema mehr – auch wenn in rückständigen Gegenden die jungen Paare oft wenigstens so tun, als seien sie enthaltsam.

Nach meiner Beobachtung ist in Sachen Untreue Gleichberechtigung eingetreten …

… das Fremdgehen ist aber nicht die Regel, auch wenn es als ein Zeichen von Stärke angesehen wird.

Wie bitte?

Wahrscheinlich gilt bei euch in Deutschland eher die Monogamie als ein Zeichen von Stärke. In Italien aber zählt vor allem der Schein. Wahre Stärke zeigt sich, wenn es einem gelingt, die Familie zusammenzuhalten. So sieht man das hier. Der Rest ist unwichtig. Und zwar gilt das für Männer wie auch für Frauen. Man duldet das Fremdgehen, wenn nur die Familie dabei heil bleibt. Früher war es nur den Männern erlaubt, auszuscheren. Heute herrscht bei vielen Ehepaaren beidseitige Toleranz.

Ist das ein intelligentes Arrangement, deiner Meinung nach?

Nun, sagen wir: solange es keinen Schaden anrichtet. Aber in den meisten Fällen tut es das doch. Und auch wenn Männer und Frauen sich heute Liebhaber halten und wie Libertins leben dürfen, so herrschen doch vielerorts noch die alten Machtverhältnisse: Der Femizid ist in Italien ein sehr ernstes Thema. Die Zahl der Frauen, die wegen Ehebruchs ermordet oder angegriffen werden, ist erschreckend: Man spricht von einhundert Fällen pro Jahr - alle drei Tage eine Frau.

Ich lese das fast jede Woche in den italienischen Zeitungen, und ich mag es gar nicht glauben. Wie reagiert die Gesellschaft darauf?

Diese Ausbrüche von Gewalt sind nur schwer zu verstehen. Eifersucht, Bespitzelung, Stalking - all das kann zu einem tödlichen Gift werden. Um den Morden entgegenzuwirken, müssen die Frauen gewarnt werden: Sie selbst müssen lernen, die Gefahr zu erkennen und zu reagieren, bevor sie in konkrete Gewalt umschlägt.

Aber sagt uns das nicht auch etwas über den italienischen Mann ganz allgemein, selbst wenn nur eine winzige Minderheit am Ende gewalttätig wird?

Ganz sicher zeigen diese Exzesse etwas, das unterbewusst schwelt: Es ist den heutigen Beziehungen eine latente Aggressivität anzumerken, denn natürlich bleibt auch die Liebe nicht von der allgemeinen Unsicherheit verschont. Es kann jederzeit passieren, dass man seinen Job verliert, seinen Kredit nicht mehr abbezahlen kann, dass die Karriere den Bach runtergeht, dass man mit 35 oder 40 Jahren noch immer bei den Eltern leben muss. Wie soll die Liebe da gedeihen? Unsere Gefühle sind schließlich nicht unabhängig von den sozialen und finanziellen Bedingungen, unter denen wir leben. Es macht mich sprachlos, wenn ich sehe, dass Frauen sich heute immer noch den reichen Ernährer und Männer sich die schöne Vorzeigefrau aussuchen.

Ja, glaubst du, dass man diese Reflexe aus Männern und Frauen herausbekommt?

Wenn du damit auf die Anziehungskraft des Alpha-Manns anspielst, so glaube ich, dass der nicht unbedingt reich sein muss. Der Alpha-Typ zeichnet sich durch andere Qualitäten aus. Er muss zum Beispiel beschützen können, sich um die Nahrung kümmern, geschickt und charismatisch sein.

Reichtum trägt aber zu gesellschaftlichem Ansehen bei.

Also - um jetzt einmal ein generelles Urteil abzugeben, was ich eigentlich nicht sehr gerne tue: Wenn jemand in einer Gesellschaft wie unserer hohes Ansehen genießt, bedeutet das, dass etwas mit ihm nicht stimmt. Berlusconi machte einmal eine geschmacklose Bemerkung, an der aber etwas Wahres dran ist. Berlusconi war nie besonders feinsinnig, aber die Europäer, auch die Deutschen, machten einen großen Fehler, indem sie in ihm bloß einen Clown sahen. Er war ein Genie, ein durch und durch negatives Genie, das die Demokratie zu manipulieren verstand; und er kannte die Schwächen seiner Anhänger sehr genau. Als ihn während einer Fernsehshow eine hübsche junge Frau fragte, wie sie sich in diesen unsicheren Zeiten für die Zukunft wappnen könnte, antwortete er: »Gegen die Unsicherheit wappnen? Heirate meinen Sohn oder irgendeinen anderen Millionär!«

Und gab es da keinen Aufstand?

Das war Berlusconi egal. Er sprach immer die an, die so dachten wie er. Man vergisst, dass er sich niemals an die wandte, die ihn und seine Methoden ablehnten. Er wollte niemanden auf seine Seite ziehen, im Unterschied zu den meisten anderen Politikern. Angela Merkel oder David Cameron *(der nach dem Brexit-Referendum als britischer Premier zurücktrat)* sind oder waren immer darum bemüht, auch ihre Kritiker oder Gegner von sich zu überzeugen. Berlusconi redet nur mit den Seinigen. Nur sie will er mobilisieren.

»Auf den Mord folgt der Rufmord«

Wie man als Kind das Leben in einer Mafia-Hochburg erlebt

Roberto, du bist in Casal di Principe bei Caserta aufgewachsen. Du hast diese Gegend in Gomorrha *beschrieben, es ist eine Hochburg der Camorra.* (So nennt man die Mafia-Clans in Neapel und der Region Kampanien.) *Kannst du mir etwas von deinem Heimatort erzählen?*

Es ist ein Städtchen im sogenannten agro aversano, in der Provinz Caserta, die einst von den Normannen besiedelt wurde. Ein trostloser Ort. Die Wohnhäuser sind nicht zu sehen, sie sind komplett unsichtbar: hinter hohen Mauern verborgen. Aber ich habe meine Kindheit nicht nur in Casal di Principe verbracht. Nach der Trennung meiner Eltern zog ich nach Caserta, in eine bürgerliche Wohngegend, in der die Kriminalität ein ganz anderes Gesicht hat als in Neapel. Im Zentrum von Neapel wird die Kriminalität von den Söhnen der Camorra-Familien bestritten, die vorrangig auf der Straße leben. In Caserta dagegen besuchen sie das Lyceum. Ich bin 1979 geboren. Die Jahre, in denen ich heranwuchs, waren eher finster. Sie waren beherrscht von einer Fehde zwischen zwei mächtigen Camorra-Clans. Wenn man damals einen Besucher bei sich empfing, empfahl es sich, seine Autonummer zu notieren und überprüfen zu lassen.

Von wem überprüfen zu lassen?

Von jenen, die das Viertel bewachten und aufpassten, dass niemand vom gegnerischen Clan hereinkam.

Das könnte ja eine Szene aus einem Film sein. So machen Kinder dort also Bekanntschaft mit der Mafia?

Ja. Aber meist sind das für sie keine Kriminellen, sie halten sie für Bewacher oder eine Art »Polizei«. Sie stehen diesen Machenschaften sehr naiv gegenüber. Viele bleiben auch dann noch ahnungslos, wenn da der erste Tote vor ihnen liegt.

Wie alt warst du, als du zum ersten Mal eine Leiche gesehen hast?

Ich glaube, ich war elf.

Und wer war der Tote?

Ein Mann aus San Nicola la Strada, einem Ort ganz nahe bei Caserta. Sie hatten ihn gerade umgebracht, er lag da auf dem Bürgersteig. Du wirst das vielleicht für respektlos halten ... aber wir waren eine ganze Gruppe, alle noch sehr jung, und wir bemerkten, dass der tote Mann dort eine postmortale Erektion hatte. Das amüsierte uns. Wenig später folgte der nächste Tote. Wir Jungs pilgerten per Autobus hin, um ihn zu sehen.

Und das hat dich nicht verstört?

Nein, im Gegenteil, wir fühlten uns erwachsen. Es war wie nackte Frauen anschauen: etwas für Erwachsene. Ich erinnere mich noch daran, wie sie einmal von einem Mann sprachen, den man in einer großen Wanne mit Mozzarella-Molke ertränkt hatte. Seine Leiche schwamm bäuchlings an der Oberfläche – ein Bild, das mich jahrzehntelang nicht mehr losließ.

Es ließ dich jahrzehntelang nicht mehr los, aber damals hat es euch Kinder offenbar eher kaltgelassen.

Wenn ich dir Fotos von den Schauplätzen zeigen könnte, an denen jemand ermordet wurde, würdest du auf jedem Bild irgendwo ein Kind herumstehen sehen. Egal wo, in Sizilien, Kampanien, Kalabrien. In all diesen Gegenden gehören die gewaltsamen Tode zum Alltag der Kinder.

Hast du daheim von den Morden berichtet?

Ja, und meine norditalienischen Verwandten waren entsetzt, sie glaubten, ich würde lügen. Sie sagten: »Wo um Himmels willen soll dieses Kind all diese Leichen gesehen haben?« Erst mit 14 habe ich angefangen, eine gewisse Abscheu zu empfinden.

Von da an hat sich dein Blick auf die Toten geändert?

Er hat sich geändert, nachdem Don Peppe Diana umgebracht worden war. Er war der Priester von Casal di Principe, das damals vom Clan der Casalesi beherrscht wurde. Der Mord an ihm hat das Leben vieler Menschen verändert, so auch meines.

Kanntest du ihn?

Nicht persönlich, ich habe ihn nur ein paarmal gesehen, zum Beispiel auf den Veranstaltungen der Pfadfinder. Ich machte bei den Pfadfindern ein wenig mit, hauptsächlich um meiner ersten Freundin zu gefallen, die sich wohlfühlte in dieser Welt, in der sich alles um Don Peppe Diana drehte. Er wurde am 19. März 1994 ermordet, an seinem Namenstag. Er hatte einen Aufsatz geschrieben mit dem Titel: »Aus Liebe zu meinem Volk werde ich nicht schweigen«. Den hat er dann auf Flugblättern in allen Kirchen der umliegenden Dörfer verteilt.

Was stand auf diesen Flugblättern?

Er schrieb, dass wir nicht in einer Demokratie leben, sondern unter der Zwangsherrschaft der Camorra. In einer Welt, in der unsere Söhne nur entweder Opfer oder Täter der organisierten Kriminalität werden können, einer Welt, in der die Camorra uns ihre Gesetze mithilfe ihrer Waffen aufzwingt. Er war erst 35 Jahre alt, als sie ihm mitten ins Gesicht schossen.

Wer hat das getan?

Die Camorra von Casal di Principe. Ein Killer namens Giuseppe Quadrano. Er wurde gefasst und verurteilt, aber erst etliche Jahre später. Sein Auftraggeber war Nunzio De Falco, auch ihm hat man den Prozess gemacht. Er wurde durch alle drei Instanzen hinweg von Gaetano Pecorella verteidigt, dem damaligen Vorsitzenden des Justizausschusses in der Abgeordnetenkammer, der auch Silvio Berlusconis Anwalt war.

Mein deutscher Gerechtigkeitssinn sagt mir: Jeder Mensch hat das Recht auf Verteidigung, so grausam und gemein er auch sein mag.

Da bin ich vollkommen auf deiner Seite. Der Gerechtigkeitssinn und das Recht auf einen fairen Prozess sind keine Frage der Nationalität. Der Punkt ist ein anderer: Man kann nicht den Superboss des Casalesi-Clans verteidigen und gleichzeitig Vorsitzender eines Justizausschusses sein.

Wie hast du vom Tod Don Peppe Dianas erfahren?

Meine Tante hat es mir erzählt, die Schwester meiner Mutter. An jenem Tag hat sich in mir etwas für immer verändert. Die Nachricht war schon verschmutzt, als sie mich erreichte: »Don Peppe Diana ist ermordet worden, wer weiß, warum!« Allein dieses »Wer weiß, warum« lässt Böses ahnen. Es ist eine Welt des Misstrauens.

»Wer weiß, warum« bedeutet: Er muss etwas angestellt haben, sonst wäre ihm das nicht passiert ... Meinst du etwas in dieser Richtung?

Genau. Jahrelang gab es das Gerücht, er hätte sich an den kleinen Pfadfinderinnen vergriffen und sei deshalb umgebracht worden. Eine Lokalzeitung brachte auf der ersten Seite die Schlagzeile: »Don Peppe Diana Mitglied der Camorra«. Dieselbe Zeitung - es war, nebenbei gesagt, ebendiese Zeitung, die mich wegen Plagiats verklagte, nachdem ich im Fernsehen ihren miserablen journalistischen Stil angeprangert hatte - titelte wenig später: »Don Diana mit zwei Frauen im Bett«. Dazu wurde ein Foto gestellt, auf dem man sehen konnte, wie er seine Arme auf die Schultern von zwei Pfadfinderinnen gelegt hatte. Wird einer in Italien umgelegt, so wird er den Verdacht, daran nicht unschuldig zu sein, nie mehr los. Auch Pippo Fava, einem von der Mafia ermordeten sizilianischen Journalisten, sagte man nach, er habe Unzucht mit kleinen Mädchen getrieben. Und Giancarlo Siani, auch er ein Journalist, den man mit nur 26 Jahren in Neapel ermordete: Von ihm hieß es, er sei der Liebhaber der Frau von Valentino Gionta gewesen, dem Boss der Ortschaft Torre

Annunziata. Siani hatte in seiner Zeitung ein paar Artikel über Gionta veröffentlicht.

Auf den Mord folgt der Rufmord.

Mit tödlicher Sicherheit. Und das ist einfach schrecklich.

Seid ihr Jungs damals auch zu Don Peppe Dianas Leiche gepilgert?

Nein, aber ich war auf seiner Beerdigung. Das ganze Dorf war da. Ich glaube, es war das erste Mal, dass die Leute weiße Leintücher an ihre Balkone und Fenster hängten, als Zeichen der Trauer. Weiße Trauer: Das bedeutet, dass die weiße unschuldige Seele von Don Peppe zu Unrecht beschmutzt worden war.

Dann wussten die Leute also, dass die Geschichte mit den kleinen Mädchen eine Verleumdung war?

Natürlich wussten sie das. Die Überschriften in den Zeitungen waren nicht für die Leute vor Ort bestimmt, sondern für die landesweite Presse. Nachdem dieser Verdacht geäußert wurde, verzichtete die überregionale Presse vollkommen auf jede Berichterstattung über das, was in diesem Winkel der Welt noch passierte. Er war von aller Welt vergessen, außer von der Camorra. Nach einem Mord wie dem an Don Peppe Diana hätte man einen landesweiten Aufschrei erwartet - der aber nicht einsetzte. Der Verdacht, der auf ihm lag, war stärker als das Unrecht, das ihm widerfahren war.

Man muss in Casal di Principe sicher sehr mutig sein, wenn man das Unrecht öffentlich anprangern will. Wussten die Leute auch, wer hinter dem Mord steckte?

Es gab Vermutungen, gewiss. Meine Familie war aber immer bemüht, mich fernzuhalten von der Welt des Verbrechens, mit sehr strengen erzieherischen Methoden. Man kauft keine geschmuggelten Zigaretten, wurde mir eingebläut, auch keine Gebrauchtwagen, wenn man nicht weiß, ob sie nicht gestohlen worden sind - und man pflegt keinen Umgang mit »gewissen Leuten«.

Du wusstest, wer diese »gewissen Leute« waren?

Alle wussten das. In manchen Gegenden ist der Anteil der Bevölkerung, der in Ermittlungen zur organisierten Kriminalität verwickelt ist, aberwitzig hoch, er erreicht zuweilen die 30 Prozent.

Fast jeder dritte Einwohner!

Ja. Andererseits, wenn einer in eine Mafia-Ermittlung gerät, bedeutet das nicht gleich, dass er wirklich ein Mafioso ist. Die drei Instanzen der Urteilssprechung dienen eben dazu, den Grad der Verwicklung herauszufinden.

Aber auch wenn es nur 20 Prozent wären, die unmittelbar beteiligt sind, wäre der Anteil noch erschreckend hoch!

Auch zehn Prozent wären zu viele.

Die Art, wie ich als Kind die Mafia wahrgenommen habe, ist vollkommen anders. Möglicherweise hängt das damit zusammen, dass ich im Norden aufgewachsen bin, in Rimini. Dort herrschte damals eine Atmosphäre des Aufbruchs, sowohl wirtschaftlich als auch gesellschaftlich. Es war, als springe man aus dem 19. Jahrhundert direkt in die turbulenten Sechzigerjahre des 20. Jahrhunderts hinein. Mein Großvater besaß einen Gutshof, und die Bauern bezahlten ihre Abgaben damals noch in Naturalien, das habe ich selber erlebt, also in Form von Schweinen, Käse, Wein, Öl. Gleichzeitig aber wuchs in der Bevölkerung, bei Millionen Italienern, die vertrauensselige Hoffnung auf gleichen Wohlstand für alle: Büroarbeit anstelle von Schwerstarbeit auf den Feldern. Die organisierte Kriminalität kannte man in Rimini nur vom Hörensagen.

Bei mir war es das totale Kontrastprogramm. Ich ging auf das Gymnasium von Caserta. Dort habe ich begriffen, dass das gesamte Bürgertum mehr oder minder mit den Geschäften der Clans verbandelt ist. Und ich kann mit absoluter Sicherheit sagen, dass alle Kinder der Camorra-Familien aufs Gymnasium gingen.

Wusste man, wer sie waren?

Ja, natürlich.

Woher wusste man das?

Weil ihre Väter ins Gefängnis kamen oder gerade aus der Haft entlassen wurden - oder weil sie umgebracht wurden. Es kam auch vor, dass die Clans sich vor der Schule einen Kampf lieferten. In Casal di Principe haben sie einen 20-Jährigen ermordet, er hieß Antonio Petito, wegen eines Wortgefechts, das er mit dem zwölfjährigen Sohn von Francesco Bidognetti führte, den man Cicciotto 'e mezzanotte nannte. Der Junge hieß Gianluca Bidognetti, sein Kosename war Nanà. Auch so etwas konnte man dort erleben.

Wie waren diese Mafiakinder? Waren es alles Aufschneider?

Die machten alle auf dicke Hose. Manchmal aber mussten sie es teuer bezahlen. Die Neffen von Antonio Bardellino - dem mächtigsten aller Camorra-Bosse, dessen Leiche niemals gefunden wurde - beleidigten einmal den Schuldirektor. Das war nicht an meiner Schule, sondern an der Schule in ihrem Heimatort. Als der Vater der Kinder, Ernesto Bardellino, das erfuhr, versetzte er ihnen vor den Augen des Direktors ein paar saftige Ohrfeigen. Er war der Meinung, dass ein solch respektloses Verhalten sich nicht gehört für die Kinder von bedeutenden Familien.

In Gomorrha *schreibst du, in den Neunzigerjahren sei Casal di Principe der Ort mit der höchsten Mordrate Italiens gewesen - und für Mercedes einer der besten Absatzmärkte Europas.*

So war das damals wirklich. Heute ist es nicht mehr so.

Aber du erinnerst dich noch daran.

Na und ob! Überall Mercedes, die zuverlässige deutsche Marke.

Und die Autos gehörten alle irgendwelchen Camorra-Leuten?

Nein, natürlich nicht. Die Kultur der Mafiosi verleiht der Mafia ein gewisses Flair. Viele möchten ihr angehören, aber sie schaffen es nicht. Der Direktor der öffentlichen Gesundheitsbehörde von Pavia, wohlgemerkt einer norditalienischen Stadt, sagte während eines Gerichtsprozesses zum Richter, er sei immer von der Mafia fasziniert gewesen und habe davon geträumt, ihr anzugehören. Das Leben der Mafiosi, wie es in den Filmen dargestellt wird, habe ihn immer verzaubert, meinte er.

Und was war das für ein Prozess?

Er war angeklagt, den Mafia-Clans öffentliche Aufträge zugeschanzt zu haben. Er hieß Carlo Chiriaco. Er wurde wegen externer Beteiligung an einer mafiösen

Vereinigung zu zwölf Jahren Haft verurteilt. Auch wenn er kein echtes Mitglied war, hat er finstere Geschäfte mit der 'Ndrangheta (*der kalabrischen Variante der Mafia*) gemacht. Im Gespräch brüstete er sich zuweilen, die 'Ndrangheta in der Provinz von Pavia eingeführt zu haben. Da hast du ein schönes Beispiel für die Faszination, die von der Mafia-Kultur ausgeht. Du ahnst ja nicht, wie viele Bewerber die Mafia abwimmeln muss. Schließlich geht es dabei um Ehre und Ruhm, darüber scherzt man nicht.

Aber dich hat all das nicht fasziniert?

Der rigide Treuekodex der Mafia hat tatsächlich etwas Verführerisches.

Und warum hast du dich nicht verführen lassen von dieser Kultur, sondern bist ihr größter Feind geworden?

Zu einem großen Teil ist das das Verdienst meiner Familie. Siehst du, immer wieder kommt die Familie ins Spiel! Sie war es, die mich die richtigen Werte lehrte und mein Bewusstsein formte. Natürlich musste mein Vater als Arzt auch immer wieder Verbrecher behandeln.

Er kannte also die Mafia-Szene?

Dank meines Vaters hat sich mein Blick für diese grauenhaften Dinge geschärft. Meine Mutter empfand einfach nur tiefste Abscheu vor dieser Welt. Zu ihrem großen Leidwesen habe ich dann begonnen, über das organisierte Verbrechen zu schreiben.

Hatte das etwas mit dem Mord an Don Peppe Diana zu tun?

Ja, von diesem Moment an hat mich der Gedanke an die Camorra nicht mehr losgelassen. Ich habe angefangen zu recherchieren. Ich habe alle Informationen gesammelt, die ich bekommen konnte, in den Zeitungen, in den Archiven der Gerichte. Ich habe dicke Aktenordner angelegt, und als ich endlich volljährig war, ging ich auch in die Gerichtsverhandlungen. Du kannst dir im Traum nicht vorstellen, wie es in so einer süditalienischen Gerichtsverhandlung zugeht.

Wie denn, zum Beispiel?

Ich muss dir einen Dokumentarfilm zeigen, in dem man sehen kann, wie zum Beispiel beim Gericht von Santa Maria Capua Vetere unweit von Casal di Principe die Termine für die Gerichtsverhandlungen an die Wand geschrieben werden, weil Stift und Papier sofort geklaut werden. Man sieht hier und da auch zerbrochene Stühle, defekte Aufzüge, und die Angeklagten sitzen in Käfigen, hinter Gittern, wie Tiere. In Norditalien sitzen sie wenigstens hinter Glas. Man könnte meinen, das sei unwesentlich, aber das stimmt nicht. Unzählige Male habe ich in den Verhandlungen beobachtet, wie sie die Mafia-Bosse hereinführten, an Handschellen - nicht den leichten runden Handschellen, sondern den schweren eckigen, wie man sie auch für die Terroristen der Brigate Rosse benutzte. Mit denen saßen sie dann in ihren Käfigen, rauchten und gaben sich Zeichen. Für mich waren sie Legenden, im negativen Sinne. Ich hasste sie. Und auch wenn ich in ihren Augen ein Niemand war, wollte ich ihren Blicken standhalten.

Wie meinst du das, »ihren Blicken standhalten«?

In Süditalien ist es der Blick, der sozusagen das Revier markiert. Wenn du auf der Straße jemandem direkt in die Augen siehst, kommt es nicht selten vor, dass er dich fragt: »Ey, was guckst du?« Wenn es in meiner Kindheit zu Prügeleien kam - es handelte sich um kleine Streitereien, die nichts mit der Mafia zu tun hatten -, so deshalb, weil ich etwas zu lang in die falschen Augen geblickt hatte. Man sieht sich niemals direkt in die Augen, höchstens den Freunden, die einem die Erlaubnis dazu gegeben haben.

Aber man kann doch einen kurzen Seitenblick riskieren, oder?

Das schon, aber gleich danach sollte man den Blick abwenden. Wenn du einem Blick standhältst, ist das eine Herausforderung. Es ist wie mit den Gorillas. Die erste Regel, die man den Safari-Touristen in den Kameruner Bergen beibringt, lautet: »Sobald ein Silberrücken auftaucht, sofort den Blick zu Boden senken. Sonst könnte er sehr ungemütlich werden!« Dasselbe gilt für bestimmte Gegenden Süditaliens. Wer jemanden mit Blicken fixiert, der traut sich was. Ich gebe mir auch heute noch Mühe, während der Gerichtsverhandlungen den Mafiabossen direkt in die Augen zu schauen. Immer, bei jeder Verhandlung.

Was willst du so einem Boss damit sagen?

Dass ich keine Angst vor ihm habe, dass ich auf gleicher Höhe mit ihm stehe. Ich gebe ihm zu verstehen, dass ich mir seinetwegen nicht in die Hose mache. Ein Zeichen der Stärke. Wer als Erster den Blick senkt, hat verloren.

Und wie lange dauert so ein Blickwechsel?

Er kann minutenlang dauern. Es ist eine Art Nervenkrieg, die Zeit scheint stillzustehen. Bei einem wichtigen Prozess in Neapel, in dem es um den Auftrag für den Bau einer Schnellstraße ging, den sich natürlich ein Camorra-Unternehmen gekrallt hatte, saß Pasquale Zagaria da im Käfig, der Bruder des Clan-Anführers Michele Zagaria. Sein Spitzname war »Bin Laden«, weil er die längste Zeit als unauffindbar galt.

Und dem hast du in die Augen geschaut?

Ich fixierte ihn, und der Mafioso neben ihm, einer mit dem Spitznamen »Sheriff«, sagte sofort: »He, du, du müsstest dir mal die Augenbrauen rasieren, schau dich nur mal an, du siehst ja aus wie ein Penner!« Ich bedeutete ihm: »Und du, du gehst direkt in den Knast ...« Und er gab mir zu verstehen: »Du mieser kleiner Scheißer!« Ich schaute Pasquale Zagaria so lange starr in die Augen, bis er nach einer Weile seinen Blick senkte und sich bekreuzigte.

Aus Aberglauben?

Wenn ein Sarg an einem vorbeigetragen wird, dann bekreuzigt man sich, um dem Toten die Ehre zu erweisen.

Dann wollte er mit dieser Geste sagen, du seist der Nächste, der sterben wird? Was für archaische Gebräuche!

Es war ein makabrer Gruß. Und, wie immer bei der Camorra, sollte man daraus seine Lehre ziehen. Die Zeichen sind entscheidend: Die Camorra verständigt sich hauptsächlich mittels symbolischer Gesten.

Zagaria wusste, wer du bist? Er kannte deine Arbeit?

Die kennen mich alle. Mein Buch wird von den Häftlingen hoch geschätzt. Man fand Exemplare von *Gomorrha* in ihren Verstecken, auch in dem vom Superboss Michele Zagaria. Von einigen dieser Verstecke hat die Polizei, nachdem sie sie ausgehoben hatte, Videos gemacht, und dort kann man dann mein Buch herumliegen sehen. Es ist ein merkwürdiges Gefühl, wenn man erfährt, wie nahe man einem solchen Verbrecher war, möglicherweise über Jahre hinweg - einem, nach dem die ganze Welt suchte. Er »sah« mich, aber ich sah ihn nicht.

Michele Zagaria war der Anführer des Casalesi-Clans. Ein anderes Buch von dir, ZeroZeroZero, *fand man im Versteck vom mexikanischen Drogenboss El Chapo: Es lag auf seinem Bett.*

Ja, sogar bei dem. Mafiosi lesen mich gerne.

Wozu?

Ich nehme an um nachzusehen, was ich weiß, was ich erahne, was ich durchschaut habe. In Mexiko habe ich einiges von ihren Machenschaften begriffen, was selbst den dort ansässigen Journalisten zu kompliziert war. Ich habe entdeckt, dass die mexikanischen Narcos ganz ähnlich funktionieren wie die Mafiosi. Und ich glaube, genau das hat den Chapo interessiert. Das Gleiche gilt für Michele Zagaria. Es gibt aber noch ein zweites Motiv, auch wenn es absurd klingt: Sie haben keine Ahnung von ihrer Geschichte. Sie wissen nicht, wer zwei Generationen vor ihnen bei der Mafia das Sagen hatte. Sie kennen nur die augenblicklichen Machtverhältnisse, von der Geschichte der Organisation wissen sie nichts.

Dann bist du für die Mafiosi so etwas wie eine Autorität?

Ich glaube nicht, dass sie mich besonders mögen. Auch wenn sie mir ganz sympathische Spitznamen verpassen. Zum Beispiel »Clown«: So hat mich der Vater von Francesco Schiavone, genannt Sandokan, öffentlich beschimpft. Oder auch »Melone«: wegen meiner Glatze.

Also halb Autorität und halb ...

... Melonen-Clown.

Hand aufs Herz: Ich meine, aus deinen Worten fast ein bisschen Stolz herauszuhören - oder irre ich mich?

Na ja, es ist ja schließlich keine Schande, von diesen Leuten verachtet zu werden.

»Hätte ich bloß die Namen geändert!«

Über Fluch und Segen eines Weltbestsellers

Du hast erzählt, dass du schon als Teenager Bücher über die Mafia gelesen und Zeitungsartikel ausgeschnitten hast. Hast du dir damals vorgenommen, einmal ein großes Buch darüber zu schreiben?

Ach, wie es dazu kam, dass ich *Gomorrha* schrieb, ist keine besonders schöne Geschichte. Willst du sie hören?

Dazu bin ich hier!

Ich muss dafür aber weit ausholen. Ich bin in einem Haus aufgewachsen, in dem es viele Bücher gab, das heißt, ich lebte in einer geradezu absurd schizophrenen Situation: draußen Gewalt und Schießereien, drinnen Philosophie. Zu Weihnachten schenkte meine Mutter mir Schopenhauer. Mit zwölf verschlang ich die *Aeneis* und die *Ilias*, mein Großvater erzählte mir Geschichten aus der Thora und der Bibel. Dieses kulturelle Rüstzeug war sehr hilfreich für mich, denn ich habe auf diese Weise das organisierte Verbrechen nie nur als aktuelles Tagesgeschehen begriffen, sondern von Anfang an als kulturelles Phänomen.

Du hast schon während des Studiums begonnen, über das organisierte Verbrechen zu schreiben.

Ja, der Ehrgeiz hatte mich gepackt. Ich habe nicht aus Gerechtigkeitssinn angefangen zu schreiben, sondern aus dem Ehrgeiz heraus, etwas bewegen zu wollen: »Durch Schreiben kannst du die Welt verändern!« Ich wollte ein Schriftsteller werden und mit einem Buch über die Mafia etwas bewirken, das noch keiner geschafft hatte. Ich dachte mir: Alle diese Artikel in den Lokalzeitungen geben doch nur Puzzleteilchen wieder, ich möchte versuchen, sie zusammenzusetzen zu einem Bild, von dessen Existenz die meisten nicht einmal etwas ahnen! Ich will auch etwas Großes schaffen. Auf diese Weise habe ich begonnen, das Buch zu schreiben.

Du meinst Gomorrha.

Ja, und sie haben es wirklich gedruckt! Ich erinnere mich noch sehr gut an den Anruf meines Verlegers. Ich saß in meiner damaligen Wohnung in Neapel, der ich noch heute nachweine. Antonio Franchini, mein Verleger am anderen Ende der Leitung, sprach ganz leise, weil seine Kinder schliefen: »Hallo, Roberto, ich hab's gelesen«, flüsterte er, und ich dachte sofort: Okay, jetzt lehnt er es ab. Aber er sagte: »Es ist fantastisch!«, und ich hatte das Gefühl, als käme endlich, zum ersten Mal, etwas in Gang. Einige Zeit darauf rief mich Helena Janeczek an, eine Schriftstellerin mit polnisch-jüdischem Hintergrund, die sich als Erste beim Verleger für mich eingesetzt hatte, und fragte mich: »Willst du das Buch denn wirklich mit Klarnamen veröffentlichen? Das ist doch nicht nötig! Mach lieber einen Roman draus.« Und damit beginnt meine Tragödie.

Du meinst, es wäre dir vieles erspart geblieben, wenn du die Namen der Verbrecher und der Tatorte geändert hättest?

Du kannst dir nicht vorstellen, wie oft ich seitdem gedacht habe: »Verflucht! Hätte ich doch bloß diese Namen geändert!« Na ja, nun ist es eben so gelaufen. *Gomorrha* erschien im März 2006.

In Italien war es sofort ein Riesenerfolg ...

... ja, und zwar vor allem durch Mund-zu-Mund-Propaganda. Die erste Auflage lag bei 5.000 Stück. Ich hatte ziemlichen Bammel. Übrigens machen nicht nur die Drohungen Angst, sondern auch die Berühmtheit. Das habe ich überall gemerkt.

Ich kann mir vorstellen, dass dein Erfolg dir und deiner Familie ein gewisses Unbehagen verursachte.

Unbehagen ist das richtige Wort. Im September waren 100.000 Exemplare verkauft.

Für italienische Verhältnisse ein enormer Erfolg! Bist du auch im Fernsehen aufgetreten?

Ja, zunächst in einer Jugendsendung. Dann griff das »Phänomen Gomorrha« so um sich, dass mich Enzo Biagi zu sich einlud: Berlusconi hatte ihn ja aus der RAI (*öffentlich-rechtlicher Rundfunk*) hinausgeworfen, und ich war der erste Gast in seiner neuen Sendung (*Biagi kam im April 2007 zur RAI zurück, als Romano Prodi zwischenzeitlich Ministerpräsident war).* An jenem Tag sollte er eigentlich den Staatspräsidenten interviewen.

Aber Enzo Biagi, einer der berühmtesten Fernsehjournalisten Italiens, interviewte stattdessen dich. Das hat dir bestimmt sehr geholfen.

Ja, in hohem Maße. Aber zur selben Zeit ging es los mit dem Ärger. Biagi sagte zu mir: »Von jetzt an musst du unsichtbar werden. Du wirst keine Freunde mehr haben.«

Weißt du noch, zu welchem Zeitpunkt das Unbehagen in echte Angst umschlug?

Ja, als ich das Buch in Casal di Principe vorstellte und bei dieser Gelegenheit die lokalen Bosse attackierte. Ich sagte: »Michele Zagaria, Antonio Iovine, Francesco Schiavone, Francesco Bidognetti, ihr gehört nicht zu diesem Land!« Und zu den Bewohnern von Casale sagte ich: »Ihr müsst sie verjagen!« Da gab es einen Kurzschluss.

Wie meinst du das?

Ich war für die Camorra zu einer Gefahr geworden. Zum Erfolg des Buches kam nun auch noch mein Appell hinzu. Die Erste, die davon sprach, dass ich demnächst von ihnen eliminiert werden könnte, war eine Frau, die einer jüngeren Camorra-Organisation namens Nco nahestand, Nuova camorra organizzata. Sie war in den Siebzigerjahren von Raffaele Cutolo gegründet worden. Die Frau, eine Ex-Unternehmerin, erwähnte in einem Gespräch einen mich betreffenden Mordplan, der offenbar von den Einsitzenden im Gefängnis erarbeitet worden war. Ein paar Monate später gaben die Carabinieri von Neapel in einer Pressemitteilung bekannt, dass der Boss Cantiello berichtet habe, mich zusammen mit einem »Kollegen« im Fernsehen gesehen zu haben – und bei der Gelegenheit habe dieser dann gesagt: »Rede, rede nur, du wirst eh bald schon kein Wort mehr sagen.«

Wurde die Frau, die von dem Mordplan berichtete, abgehört?

Ja, als sie ihren Mann im Gefängnis besuchte. Seitdem sind zehn Jahre vergangen. Das war aber noch nicht alles: Sehr viel schwerwiegender war die Erklärung des Rechtsanwalts Michele Santonastaso während des

Spartacus-Prozesses. Damals standen Sandokan und der Clan der Casalesi vor Gericht. Nach dem großen Prozess, den die beiden Richter Giovanni Falcone und Paolo Borsellino geführt hatten, war der gegen Sandokan der zweitwichtigste aller Mafia-Prozesse Italiens. Mitten in der Verhandlung verlas der Strafverteidiger der angeklagten Mafiosi plötzlich ein Papier, das eine klare Drohung des Clans gegen mich enthielt – so jedenfalls sah es auch die Anti-Mafia-Behörde. Der Verteidiger sagte: Der Prozess hätte nicht in Neapel stattfinden dürfen, weil das hiesige Gericht von mir und meiner falschen Berichterstattung beeinflusst sein könnte. Das bedeutete mit anderen Worten: Wenn die Camorristi (*Mitglieder der Camorra*) verurteilt werden, ist Saviano ein toter Mann. Wegen dieser Drohung kam es zu einem weiteren Prozess, bei dem ich als Nebenkläger auftrat. Die Bosse waren zusammen mit ihren Verteidigern angeklagt ... Und jetzt halte dich fest: Die Bosse wurden freigesprochen, nur der Anwalt Santonastaso wurde verurteilt. Angeblich hatte er ganz alleine die Drohung verfasst, ohne Zustimmung seiner Mandanten! Das war das Unglaublichste, was ich je erlebt habe.

Und ist der Anwalt jetzt im Gefängnis?

Inzwischen nicht mehr. Er war dort, man hatte ihm elf Jahre wegen Beihilfe zu einer Straftat und wegen Falschaussage gegeben, aber heute, während wir hier sprechen, sitzt er wieder bei sich daheim in Mailand unter Hausarrest. Und vor ein paar Tagen habe ich Folgendes erfahren: Dank einer Entscheidung der zuständigen Anwaltskammer, die die Suspendierung aufgehoben hat, kann Santonastaso wieder als Rechtsanwalt tätig sein. Das heißt, er darf wieder arbeiten.

Was für ein Albtraum! Hat nicht auch ein wichtiger Kronzeuge einmal zu dir gesagt: »Du und ich, wir werden auf die gleiche Weise enden« oder so ähnlich?

Ja, genau, das war Carmine Schiavone (*früherer Boss des Casalesi-Clans*). Während eines Treffens sagte er: »Über dich ist ein Todesurteil verhängt. Du und ich, wir sind beide tote Leute, weil wir niemandem mehr vertrauen können.« Und weiter: »Sobald du in Vergessenheit gerätst, bist du ein toter Mann. Meinst du, die werden dich verschonen? Im selben Augenblick, in dem du damals auf der Bühne in Casale dieses Buch aus der Tasche zogst, habe ich gerufen: ›Passt auf, sie werden ihn töten. Lasst ihn nicht mehr nach Casale kommen, denn sie werden ihn umbringen mit ihren Waffen.‹« Das wirbelte mächtig Staub auf, sogar der damalige Staatspräsident, Giorgio Napolitano, mischte sich ein.

In den ersten Jahren nach Erscheinen deines Buches Gomorrha *wurdest du von allen bewundert wegen deines Muts. Relativ bald aber kam es auch zu Feind-*

seligkeiten, und nicht nur vonseiten der Mafia. Warum?

Weil ich inzwischen berühmt geworden war. Und die Stimmung hat sich dann so richtig gegen mich gedreht, als ich mich 2010 öffentlich gegen Berlusconi stellte.

Das war schon Berlusconis letzte Amtsperiode. Was geschah damals?

Ich habe in der Zeitung *la Repubblica* all das angeprangert, was in Süditalien im Argen liegt. Ich habe zum Beispiel über die Müllberge in Neapel geschrieben, über Hinrichtungen, die die Camorra auf offener Straße ausführt, über die im Süden weitverbreitete Praxis der illegalen Wahlversprechungen, wenn ein Politiker dir Geld gibt oder sonst ein Geschenk macht, damit du ihn wählst. Und ich habe (auch im Fernsehen) genau beschrieben, wie der Trick mit der sogenannten scheda ballerina, dem Wechsel-Wahlschein, funktioniert. Ich habe schlicht meine Meinung gesagt, und dafür wurde ich von Berlusconi und seinen Schergen attackiert.

Auf welche Weise?

Indem er allen, die gegen die Mafia Stellung bezogen, empfahl, den Mund zu halten, weil das nur dem Land schade und es schlechtmache. Das ist aber eine Position, die fast alle italienischen Politiker vertreten, nicht nur Berlusconi. Berlusconi bezog sich ausdrücklich auf *Gomorrha*. Er sagte ungefähr Folgendes: Es mag ja solche Missstände geben, aber diese Leute übertreiben maßlos, nur um aufzufallen.

Man sieht dir an, dass es dich belastet, über diese Dinge zu sprechen.

Ja, diese Erinnerungen tun mir weh - mal mehr, mal weniger. In letzter Zeit schlägt mir dieselbe Polemik entgegen wie vor zehn Jahren. Der reine Irrsinn!

Was für eine Polemik?

Dass ich das Land nur durch den Schmutz ziehe, wenn ich ständig von der Mafia rede, dass ich nichts Neues sage, dass die Camorra, wenn sie mich wirklich umbringen wollte, das schon längst getan hätte. Dass ich in Wirklichkeit den Begleitschutz gar nicht benötige, dass es nutzlos ist, die Mafia zu denunzieren. Es sind schwerwiegende Äußerungen, denn sie gestehen der Mafia eine Art Omnipotenz zu, als hätte sie wirklich die Macht, über Leben und Tod zu entscheiden. Und zugleich sagen sie damit, dass die Eskorte, der mir vom italienischen Staat gewährte Schutz, untauglich ist.

Woher kommen diese neuen Attacken?

Von allen möglichen Seiten. Mal von dem, mal von dem - von allen, die ein Interesse daran haben, die Verantwortung für eine skandalöse Realität von sich zu weisen.

Bei all ihren Problemen haben die Italiener nichts Besseres zu tun, als dich anzugreifen?

Nein, aber inzwischen steckt schon Methode dahinter, denn hinter den persönlichen Attacken verbirgt sich eine Strategie, die von der Sache ablenken und ein anderes, alternatives Storytelling an die Stelle setzen will. Wenn die Kriminalität angeblich nichts als eine Übertreibung derer ist, die sie anprangern, so muss sich keiner von den Regierenden dafür verantwortlich fühlen. Man beschuldigt den, der das Feuer meldet, nicht den, der es entzündet hat. Und jene, die das Feuer löschen müssten, es aber nicht tun, lenken so die Aufmerksamkeit von sich weg.

Kürzlich hat dich auch der linke Bürgermeister von Neapel, Luigi de Magistris, auf ziemlich giftige Weise kritisiert. Er meint, du würdest dich auf Neapels Kosten bereichern, und du solltest dir lieber einen ehrlichen Job suchen.

Er sagt das Gleiche wie die Mafia, mit den gleichen Worten.

Vorgeworfen wird dir, dass du Dinge beschreibst, die schon bekannt sind. Wenn das stimmen würde, warum bist du dann so gefährlich?

Diese Frage trifft den Kern des Problems. Natürlich kann man schreiben, dass, zum Beispiel, ein Killer in diesem oder jenem Viertel verhaftet worden ist. Das tue auch ich, schon allein, um mir das tägliche Brot zu verdienen. Was den Mafiosi dagegen Angst macht, ist, wenn einer beginnt, die Ereignisse, die Morde und die Täter zu interpretieren und in einen Kontext zu stellen. Es gibt da das berühmte abgehörte Telefonat, in dem die beiden Mafiosi Michele Zagaria und Antonio Iovine mit dem Journalisten einer Lokalzeitung sprechen. Sinngemäß sagen sie zu ihm: »Mach du deine Arbeit, berichte die Fakten, schreib hin, was passiert ist, eine Festnahme, ein Mord - und damit basta. Hör auf mit den Vermutungen.« Interpretieren, Zusammenhänge herstellen, erklären, das ist es, was die Mafiosi - und oft auch die Politiker - am meisten fürchten. Sie hassen also nicht mich persönlich, vielmehr den Moment, in dem ihre Machenschaften in einem Zusammenhang erscheinen, mit dem nicht nur Spezialisten etwas anfangen können, sondern der für jedermann verständlich ist.

Und jetzt gibt es für dich kein Zurück mehr?

Nein. Es ist, als hätte ich einen Unfall gehabt. Ganz plötzlich ist das Leben nicht mehr so, wie es war. Einem Freund von mir ist das passiert: Er wollte sich nur rasch einen Mozzarella kaufen fahren. Eigentlich wollte er an diesem Morgen gar nicht raus aus seiner Wohnung, doch dann raffte er sich auf, stieg ins Auto - und raste gegen einen Baum. Er sagte: »Wegen dieser paar Minuten ... Dabei wollte ich doch gar nicht fahren!« Genau so ergeht es mir. Hätte ich nur die Namen geändert oder hätte ich meinen Verleger damals gebeten, mit mir zusammen das Buch ein wenig umzuschreiben ... Dieser Gedanke lässt mich einfach nicht mehr los. Mein ehrgeiziger Entschluss, Schriftsteller zu werden und ein bisschen etwas zu ändern in dieser Welt, kommt mir heute vor wie ein Unfall.

Aber du hast mit deinem Buch doch ungeheuer viel erreicht, es war ein großer Erfolg, du hast viel Anerkennung und Bewunderung dafür bekommen!

Das stimmt. Ich müsste mich eigentlich glücklich schätzen, weil mein Buch tatsächlich etwas bewegt hat. Es hat den Menschen klargemacht, dass das Phänomen Mafia auch ein wirtschaftliches Phänomen ist; aber es hat sich auf mein Leben ausgewirkt in einer Weise, die nicht mehr rückgängig zu machen ist.

Wie in vielen anderen Ländern wurde auch in Deutschland deine TV-Serie Gomorrha *ausgestrahlt. Und dein Roman* La paranza dei bambini *(deutsche Ausgabe:* Der Clan der Kinder, *München, 2018) beschreibt das Leben von sehr jungen Mafiosi. Es gibt Leute, die dir vorwerfen, du würdest damit die Jugendlichen geradezu für die Camorra begeistern: Wo bleiben die positiven Helden?*

Das war meine Absicht. Man ist in dieser Welt gezwungen, sich mit dem Bösen zu messen. Ich wollte vermeiden, dass man sich einfach mit der richtigen Seite identifizieren und so über das Elend hinwegtrösten kann. Ich wollte, dass die Zuschauer den Problemen unmittelbar ausgeliefert sind und entsprechend Abscheu und Entrüstung empfinden. Sie sollen vollkommen eintauchen in die Welt des Verbrechens, in der der Staat nur noch ein Störfaktor ist. Die Polizei sieht man fast nie, auch so gut wie keine Richter, und kaum Festnahmen. Ich zeige auch keine Ermittlungen, die zu Festnahmen führen könnten: Sie spielen keine Rolle. Ich möchte zeigen, welche Formen die Gier, die in uns allen steckt, schlimmstenfalls annehmen kann, wenn die von Moral und Gesetz auferlegten Hemmungen erst einmal gefallen sind. Um zu Geld und Macht zu gelangen, sind die Mafiosi zu allem bereit. Und was ist es, das uns davon abhält, das Gleiche zu tun? Das ist die Frage, die der Zuschauer von *Gomorrha* sich in jedem Augenblick stellen muss.

Fragst du dich nie, ob diese Art von Filmen nicht auch ansteckend wirken könnte? Die kriminellen Jugendlichen in deiner Serie sind doch ebenfalls role models, wenn auch im Bösen.

Ja und nein. Sicher gibt es auch Jugendliche, die dem nacheifern. Aber warum tun sie das? Weil sie schon Camorristi sind. Diese Jungs lassen sich von der Welt des Verbrechens inspirieren, und es ist egal, ob es sich dabei um die Camorra handelt oder um *Pulp Fiction* oder *Scarface*. *Scarface* ist für sie ein absolutes Muss, *Scarface* wird von allen Verbrechern der Welt geradezu geliebt. Ein einsamer Mann, der allen zeigt, wer er ist. Und Al Pacino ist eben Al Pacino ...

Aber die, die sich deine Serie angucken, sind ja nicht alle Camorristi! Der Judoka Fabio Basile, der bei den Olympischen Spielen in Rio für Italien die Goldmedaille gewann, hat in einem Video zwei Protagonisten aus Gomorrha *nachgeahmt, nämlich Salvatore Conte und Genny Savastano. Und dir gefällt das offenbar, du hast es jedenfalls selbst bei Facebook gepostet.*

Ich erzähle die Dinge so, wie sie passieren, ich studiere die Ermittlungen und zeige die Gewalt so, wie sie ist. Ich bin nicht derjenige, der sie auslöst. Wenn dir die Anzüge von Salvatore Conte oder der Haarschnitt des jungen Savastano gefallen, bedeutet das nicht, dass du ein Camorrista bist, das ist doch klar. Und wenn du jemanden erschießt und einen Iro auf dem Kopf hast wie Genny, dann schießt du nicht wegen des Haarschnitts. Du schießt eben, ob mit oder ohne Iro. Ich weiß nicht, ob du verstehst, was ich meine.

Schon, aber ich bin noch nicht überzeugt ...

Es ist etwas anderes, ob du den Hut von Walter White (*dem Drogenkocher und Dealer aus der TV-Serie*

Breaking Bad) gut findest oder ob du mit einem solchen Hut auf dem Kopf Methamphetamine herstellst. Es gibt kein Nacheifern, ohne dass nicht schon vorher etwas da war, das auch ohne diesen Film oder diese Serie dieselben Erscheinungen hervorrufen würde. Und im Übrigen fließt in meinen Filmen nicht ständig Blut, man siehst gar keines. Ich will den Dingen auf den Grund gehen. Was hat dazu geführt, dass dieser Schuss gefallen ist? Die Szenen sind nicht theatralisch, sie sind sehr hässlich. Die Hinrichtungen sind abscheulich, es geht auch alles blitzschnell, anders als sonst in Filmen. Einfach so: bum! Wir beide sitzen hier, ich will dich kaltmachen, wir unterhalten uns miteinander, ich biete dir vielleicht sogar ein wenig Koks an, und plötzlich: bum!, schieß ich dir in den Kopf. Ein ganz kurzer Augenblick, weniger als eine Sekunde. Niemand bekommt etwas mit. An einem Mord ist nichts Episches, es ist alles auf eine ekelhafte Weise gewöhnlich, und das Gewöhnliche ist eben nichts Besonderes.

»Berlusconi konnte sich fast alles erlauben«

Über den wichtigen Unterschied zwischen Gesetz und Regel

Alle Welt glaubt, Mafia und Politik steckten in Italien unter einer Decke. Das ist so pauschal geäußert natürlich Quatsch. Aber was ist denn dran an dem Vorwurf?

So pauschal gesagt bedeutet es alles und nichts. Die Mafia ist nicht überall, und wenn sie überall wäre, wäre sie nirgendwo. Trotz all ihrer Defekte ist die italienische Politik nicht ganz und gar von mafiösen Strukturen durchsetzt. Es handelt sich um oft eklatante, aber scharf umrissene Fälle, die enormen Schaden anrichten und das Vertrauensverhältnis zwischen der Politik und der Bevölkerung zerstören.

Spielst du damit auf Berlusconi an?

Wollen wir über Berlusconi sprechen?

Wir müssen über Berlusconi sprechen! Jenseits von Italien konnte man sich den großen Erfolg Berlusconis einfach nicht erklären. Warum haben so viele Italiener diesen Mann unterstützt, dem jedes Mittel zu seinem Machterhalt recht war?

In Bezug auf die Mafia sollten wir dennoch vorsichtig sein. Es hat in dieser Hinsicht kaum Verurteilungen gegeben. Das wichtigste Urteil war das gegen Marcello Dell'Utri, der lange Zeit die Werbeagentur von Berlusconis Medienkonzern leitete und später auch Senator der Berlusconi-Partei Forza Italia wurde. Er wurde zu sieben Jahren Haft verurteilt. Und Nicola Cosentino, Wirtschaftsstaatssekretär in der vierten Amtsperiode Berlusconis, wurde wegen externer Beteiligung an einer mafiösen Vereinigung zu neun Jahren Haft verurteilt.

Hat die Mafia Berlusconi politisch unterstützt?

Die Mafia setzt, wo auch immer, stets auf das siegreiche Pferd. Sie benötigt in jedem Fall Leute im Innern der Institutionen, auf die sie sich verlassen kann. Die Mafia hat keine politischen Überzeugungen, sondern gibt ihre Stimme jenen Politikern, die ihr im Gegenzug große Aufträge zuschanzen. Aber noch etwas gilt es dabei zu berücksichtigen: Historisch hat sich die Mafia vor allem in jenen Regionen ausbreiten können, die am meisten unter den gesellschaftlichen Missständen leiden – auch wenn, um bei der Wahrheit zu bleiben, die kriminellen Vorkommnisse sich in den vergangenen Jahrzehnten auf Zentral- und Norditalien ausgeweitet haben – und wo die Wahlen dementsprechend leicht manipuliert werden können. Ganze Stimmenpakete wurden »verkauft«, schon für wenig Geld oder auch nur für einen Behindertenparkplatz oder einen Klinikaufenthalt für einen kranken Rentner. Man sieht, der Politiker erhält die Stimme im Tausch für ein Recht, das den Wählern zwar zusteht, das sie aber nur durch persönliche Gunst erhalten können. Wo kein Recht herrscht, da gibt es den Stimmenkauf.

Und der Süden hat Berlusconi stark gemacht?

Wie üblich fiel auch damals die Entscheidung im Süden. Ganz vorne stand die Provinz Caserta in Kampanien. Sie spielte beim Sturz der Regierung von Romano Prodi eine wichtige Rolle - die Berlusconi zwischendurch ja mal die Macht entrissen hatte -, und zwar wegen einer Justizgeschichte, die sich in Caserta abgespielt hatte, in die ein Minister der Prodi-Regierung involviert war. Und es war auch diese Provinz, die Berlusconi dann wieder das volle Vertrauen aussprach bei seiner Rückkehr an die Regierung. Es war für ihn ein bahnbrechender Sieg. Jeder, der das politische Klima im Süden Italiens kennt, weiß, wie enttäuscht die Menschen dort sind. Ein 20-jähriger arbeitsloser Kalabrier, Sizilianer oder Lukaner muss davon ausgehen, dass er niemals eine Arbeit finden wird, weil es in Italien so gut wie unmöglich ist, mittels Talent und Fleiß Karriere zu machen. Die wenigen Fälle, in denen das gelingt, werden gleich an die große Glocke gehängt - als

Beweis dafür, dass alles in Ordnung ist, oder als Zeichen dafür, dass wichtige Änderungen im Gange sind, obgleich die Fälle in Wahrheit absolute Ausnahmen darstellen. Das macht die Leute wütend auf die Politik, und bei jeder Wahl hat man das Gefühl, der Süden bringe eine entscheidende Wende auf den Weg. Sie sagen: »Hier muss sich etwas ändern, dieses Mal stimme ich für eine Wende!« Aber sie gaben ihre Stimmen bisher noch jedes Mal denen, die ihnen dafür lediglich irgendwelche persönlichen Versprechungen machten. Die Gefahr ist, dass irgendwann vom Süden her die ganze Bank gesprengt wird: Für jene Menschen, die ohnehin nichts zu erwarten haben, bedeutet es nicht viel, einen zu wählen, der das System zerstören will.

Das heißt, die Wähler bekommen für ihre Stimmen tatsächlich Gegenleistungen?

Ja, sicher, aber natürlich nur, wenn der Kandidat gewinnt. Deshalb ist entscheidend, wem sie ihre Versprechungen machen. Ein Rentner, der operiert werden muss, ist eine Goldader, weil nämlich auch all seine Angehörigen, Kinder, Enkel, für den Kandidaten stimmen werden, der ihm Hilfe verspricht. Dahinter steht immer dieselbe Logik: Ich habe ohnehin kein Vertrauen in die Politiker, sie sind ja alle gleich, aber wenn ich schon wählen gehe, dann soll mir das wenigstens etwas eintragen. Mit meiner Stimme kann ich mir ein paar Privilegien einhandeln: einen Stellplatz für mein

Auto, einen Masterstudienplatz für meinen Sohn, eine Hüftoperation für meinen Großvater. In Italien sind Rechte gleich Privilegien: Meine Stimme kriegt der, der mir persönlich weiterhilft.

Wie muss man sich diesen Kuhhandel mit den Wählerstimmen genau vorstellen?

Wie ich schon sagte, sie machen den Wählern ganz konkrete Versprechungen. Nach den Wahlen in Neapel im Frühsommer 2016 habe ich unzählige Mails von jungen Leuten bekommen, die mir schrieben: »Ich habe 50 Euro bekommen«, »Ich bekam einen Tankgutschein«.

Man gibt ihnen Geld?

Aber ja. Ich erinnere mich noch gut: Als ich das erste Mal wählen ging, waren da welche, denen man ein Handy versprochen hatte. Die kosteten damals noch wesentlich weniger als die heutigen Smartphones.

Von welcher Partei kam das?

Einer Partei der Mitte. Sie zogen durch die Bars von Caserta und sagten: »Wenn ihr uns wählt, bekommt ihr ein Handy.« Umgesetzt wurde das Ganze dann mittels des Wahlzetteltricks: Du gehst zu dem Typen, der deine Stimme kaufen will, er steckt dir im Geheimen einen bereits ausgefüllten Wahlschein zu, dann gehst du in das Wahllokal, zeigst deinen Ausweis und bekommst einen leeren Wahlschein ausgehändigt. In der Wahlkabine tauschst du den leeren Wahlschein gegen den schon ausgefüllten, den leeren steckst du in die Hosentasche, und in die Urne steckst du den anderen, schon ausgefüllten. Ein genialer Trick. Man könnte dem Einhalt gebieten, wenn man die Wahlhelfer dazu verpflichten würde, die Wahlscheinnummern zu überprüfen. Ich, als Wahlscheinhelfer, gebe dir den Wahlschein Nummer 4422, wenn du aber die Nummer 3328 in die Urne wirfst, ist deine Stimme ungültig. Bisher bin ich aber der Einzige, der das vorschlägt.

Wie hoch, meinst du, ist der Prozentsatz dieser eingeschleusten Wahlzettel?

Das ist schwer zu sagen. Im Süden zählt jede einzelne gekaufte Stimme. Es gibt ein abgehörtes Gespräch zwischen dem Mafiaboss Rocco Gioffrè und dem Ex-Bürgermeister von Seminara, der dann im Gefängnis gelandet ist, in dem der Boss sagt: »Du musst dich als Kandidat aufstellen lassen, denn hier bestimme ich, und deshalb ist dein Sieg sicher. Wir können mit 1.750 Stimmen rechnen, und das sind mehr als genug.« Tatsächlich haben sie dann 1.758 Stimmen erhalten, acht mehr, als sie vorhergesagt hatten. Solche Zahlen klingen harmlos, aber die Summe aus vielen kleinen Orten dieser Sorte ist letztlich entscheidend für den Ausgang der Wahlen.

Aber glaubst du im Ernst, dass Berlusconi über diese Praxis Bescheid wusste? Oder auch die Spitzenpolitiker anderer Parteien, sofern diese denselben Wahlbetrug veranstalteten?

Was weiß ich? Aber wie auch immer: Ein Politiker, der nicht weiß, was an der Basis seiner Partei vorgeht, und zulässt, dass sie seinen Händen entgleitet, der ist nicht auf der Höhe seines Amts.

Zu Berlusconis Verbündeten gehörte aber doch auch die Rechtspartei Lega Nord, die ja heftig Propaganda gegen den Süden macht!

Man mag es nicht glauben, aber das ist den Leuten vollkommen egal. Obwohl die Lega Nord den Süden bekämpft, haben Lega und Forza Italia gemeinsame Sache gemacht. Die süditalienischen Wähler hassten die Lega zwar, aber sie stimmten trotzdem für Berlusconi.

Das ist schon wirklich paradox: In Italien erwarten sich die einfachen Leute inzwischen mehr von den Rechten als von den Linken.

In einem solchen Sumpf wie dem süditalienischen, wo man sich auf nichts verlassen kann, wo ein Gerichtsverfahren zehn Jahre dauert, gewinnt der, der dir sagt: »He, hör mal, man muss sich gar nicht unbedingt an die Rechtsnormen halten!« Für einen guten Teil der

Italiener ist das Gesetz nichts als ein scheinheiliger Schwindel. Was wirklich zählt, das sind die Regeln, so wie sie in der Wirklichkeit praktiziert werden. Wenn du diesen Unterschied nicht begreifst, kannst du Italien nicht verstehen!

Was ist denn der Unterschied zwischen Gesetz und Regel?

Das Gesetz ist für alle gleich, das heißt, im Krankenhaus müsste derjenige als Erster behandelt werden, der es am meisten benötigt. »In der Regel« aber wird der als Erster behandelt, der - wenn's gut läuft - die besseren Beziehungen hat und - wenn's schlecht läuft - das höhere Bestechungsgeld zahlen kann. Es gibt noch einen Kasus, nämlich, dass der als Erster drankommt, der am meisten gefürchtet wird. Das ist der Unterschied zwischen »Gesetz« und »Regel«. Die Gesetze sind für jene gemacht, die an den Staat glauben - manch einer würde sagen: für die Blöden -, die Regeln aber sind für die Schlitzohren gemacht.

Dazu fällt mir eine Geschichte ein, die mir eine deutsche Freundin erzählt hat. Sie lebt seit geraumer Zeit in Italien und hat drei Kinder. Eine Weile lebte sie mit ihrer Familie in einem Ort nahe Rom, wo Italien vielleicht noch ein bisschen so ist, wie es früher war. Eines Tages spielte ihr Sohn zusammen mit ein paar Dorfkindern Verstecken. Als er mit dem Suchen dran war, drehte er sich zur Wand, hielt sich die Augen zu und begann zu zählen. Da kamen zwei der anderen Kinder zu ihm und meinten, er habe das Spiel nicht richtig verstanden. »Wieso nicht?«, fragte der Sohn meiner Freundin. »Na ja, du musst heimlich gucken! Nach links und nach rechts, sonst kannst du uns ja gar nicht finden!« Meine Freundin erinnerte sich an den ratlosen Blick, den ihr Sohn ihr daraufhin zuwarf und mit dem er sie fragte: Was soll ich jetzt tun, ihnen recht geben oder mich an das halten, was du mir beigebracht hast? Soll ich ehrlich bleiben oder auf die anderen hören? Meine italienische Freundin meinte dazu: »Genau so ist Italien!«

Für einen Jungen, der zum Falschspielen gedrängt wird, kann ich dir hundert nennen, die man zum korrekten Spielen und zur Ehrlichkeit ermutigt.

Da bist du aber jetzt ausnahmsweise erstaunlich milde mit deinen Landsleuten. Was man dem Sohn meiner Freundin da beibringen wollte, nennt man »fare il furbo«: den Schlaumeier spielen und die anderen zum eigenen Vorteil austricksen. Das wird bei vielen Italienern als Zeichen für besondere Intelligenz gewertet und nicht als Charakterfehler.

Für einige trifft das zweifellos zu. Und ist dieser Junge ein Furbo geworden?

Nein, ich glaube nicht.

Wer weiß, wie er sich im Leben durchschlagen wird. Es ist nicht gesagt, dass einem Furbo das unbedingt besser gelingt ... aber da muss ich doch mal fragen: Wie hältst du es mit deiner Tochter?

Um ehrlich zu sein, ich bin noch nie auf die Idee gekommen, eine Furba aus ihr machen zu wollen ... Aber ich habe schnell gemerkt, wie wichtig es für Kinder ist, sich an Regeln halten zu können. Sie sind zum Teil wichtiger als die Ratschläge der Eltern.

Wie das?

Als meine Tochter noch in die Kita ging, war da ein kleiner Junge, nennen wir ihn Percy, niedlich, aber auch sehr lebhaft. Oft kam meine Tochter nach Hause und beschwerte sich darüber, dass Percy sie immer schubste und sie sich gegen ihn nicht wehren könne. Daraufhin habe ich ganze Abende damit verbracht, ihr beizubringen, wie man zurückschubst und sich wehrt. Am Ende des Trainings hatte sie wirklich was drauf! Zwei Wochen lang hörte ich nichts über Percy, bis sie eines Tages nach Hause kam und sich bitterlich beklagte, er habe sie wieder umgehauen. Da sagte ich: »Aber wie kann das sein, ich habe dir doch gezeigt, was du tun musst: Schubs ihn zurück, schrei ihn an, wehr dich!« Sie aber sagte: »Nein, das kann ich nicht, das ist gegen die Kita-Regeln. Das darf ich nur mit Papa machen.«

(*lacht*) So hat deine Tochter dir eine schöne Lektion erteilt. Das ist wahre Schlauheit: die Regeln einhalten, auf denen das gesellschaftliche Zusammenleben beruht. Die Lösung gegen Percys Schikanen könnte sein, einfach wegzulaufen und sich von ihm nicht mehr erwischen zu lassen. Das ist keine Feigheit oder Mutlosigkeit. Ich habe nie daran geglaubt, dass man durch »Gleiches mit Gleichem vergelten« etwas lösen kann, ebenso wenig durch »auch die andere Wange hinhalten«. Oft ist es am besten, man geht der Sache aus dem Weg.

Würdest du Berlusconi als einen typischen italienischen Furbo bezeichnen?

Na und ob! Im Ausland fragen sie mich immer: »Wie ist es nur möglich, dass die Italiener einer solchen Witzfigur auf den Leim gegangen sind?« Sie verstehen nicht, wie so ein Ministerpräsident Berlusconi auf den ganz gewöhnlichen Alltag eines Italieners einwirken kann. Das betrifft auch etwas sehr Persönliches, es ist eine Art Identifikation. Berlusconi hat, wie die meisten populistischen Politiker, zu den Wählern gesagt: »Du bist schon in Ordnung, so wie du bist!« Das Gegenteil dessen, was ein Barack Obama seinen Wählern vermittelte: Ihr müsst euch ändern! Das ist natürlich viel anstrengender. Berlusconi hat jahrelang die Botschaft verkündet: Natürlich gibt es die Gesetze, aber wenn wir wollen, dass es uns besser geht, müssen wir sie ein wenig zurechtbiegen. Die Leute haben begriffen, dass nur ehrliche Dummköpfe Steuern zahlen. Dass ihre Kinder ohne Beziehungen niemals einen Arbeitsplatz finden, dass ohne Beziehungen rein gar nichts funktioniert. Es ist eine Abwärtsspirale: immer weniger tun, sich gegenseitig immer weniger achten, sich immer weniger informieren und, am schlimmsten, sich immer weniger bilden.

Im November 2011, kurz nach Berlusconis Rücktritt, hast du für die ZEIT *eine Liste mit mehr als 30 Gesetzen und Dekreten aufgestellt, die er während seiner Regierungszeit zu seinem eigenen Vorteil erlassen hat.*

Ja, das stimmt.

Überall sonst hätte er damit nicht nur Entrüstung, sondern sogar einen Aufstand ausgelöst. Warum haben die Italiener das nicht kapiert, die doch sonst so gewitzt sind?

Wo, überall sonst? Ich wäre mir da nicht so sicher, dass in anderen Ländern die öffentliche Meinung frei ist von Manipulationen, vor allem seit es nicht mehr nur Fernsehen und Presse gibt, sondern darüber hinaus die sozialen Medien und das Web. Berlusconi besaß eine Medienmacht, wie man sie bis dorthin nicht kannte: Fernsehsender, öffentliche Berichterstattung, führende Zeitungen. Es ist sinnlos, sich zu fragen, warum die Menschen nicht kapiert haben, dass eine solche Zentrierung der Medienmacht schädlich ist. Wenn man solchen Bedingungen ausgeliefert ist, ist es schwer, sich dessen bewusst zu werden. Bei alldem spielte die Gefühlsebene eine entscheidende Rolle. Berlusconi ist ein sympathischer Mensch, er ist für seine Witze bekannt, er kann loyal sein, angeblich hat er noch nie jemanden aus seinen TV-Sendern geschmissen. Er trifft noch heute auf eine Art Zustimmung, die ich spielerisch nennen würde. Das »Bunga Bunga« fanden zwar viele skandalös, viele aber haben auch darüber gelacht. Dann gab es da diese antikommunistische Indoktrinierung – in seinen Reden hatte er es immer auf einen hypothetischen kommunistischen Gegner abgesehen –, die zweifellos seinen Erfolg mitbegründete. Und er eroberte sich tiefes Verständnis dadurch, dass er sich zum Repräsentanten einer Vergeltungsstimmung machte. Er trat als Verfolgter auf, ein Wohltäter, der von seinen politischen Gegnern gejagt wird, die mit Fingern auf ihn zeigen wie auf das Böse schlechthin. Und natürlich als Opfer der Justiz. Die Gesetzesverdrehungen dienten also angeblich dazu, die Verfolgung einzudämmen. Die gesamte Geschichte wurde in diesem Sinne uminterpretiert, und wer immer von Steuerschulden überhäuft war, wer immer größere oder kleinere Probleme mit der Justiz hatte, sei's auch nur in Form einer Mahnung der Equitalia (*italienische Steuereintreibungsgesellschaft*) wegen eines nicht bezahlten Strafzettels, der solidarisierte sich jetzt mit diesem berühmtesten aller Opfer der italienischen Bürokratie: Silvio Berlusconi. Wenn im Fernsehen die Nachricht kam, dass Berlusconi von der Justiz angeklagt wurde, machte ihn das in den Augen dieser Leute nur noch populärer und sympathischer.

Er konnte sich fast alles erlauben. Wie Donald Trump im amerikanischen Wahlkampf, als er von sich sagte, er könne mitten in New York jemanden erschießen, seine Anhänger würden trotzdem zu ihm halten.

Ja, jede Kritik wird auf diese Weise zur »politischen Attacke«, und jedes Urteil ist »politisch instrumentalisiert«. So wurde auch Berlusconi zum Opfer der Justiz oder sogar des gesamten Establishments. Für viele war er ein Nationalheld. Aber ... bist du ihm nie persönlich begegnet?

Mehrmals sogar. Ich habe ihn interviewt, noch bevor er in die Politik ging, und ich habe meine Magisterarbeit über den Aufstieg seines Medienimperiums geschrieben. Dafür habe ich mich wochenlang in Mailand aufgehalten und war natürlich auch in seiner Firmenzentrale.

Und wie kam er dir vor?

Einerseits misstrauisch bis zur Feindseligkeit, vor allem solange er in mir den Journalisten sah. An einem gewissen Punkt drohte er sogar, das Interview auf der Stelle abzubrechen. Auf der anderen Seite kann ich nicht abstreiten, dass er ein bemerkenswertes Charisma besitzt. Anders wäre sein Erfolg ja auch gar nicht erklärbar. Er kann sehr charmant sein, er will deine Sympathie gewinnen, macht kleine Show-Einlagen, und du meinst, er mache das alles jetzt nur für dich. In seiner Zentrale redeten sie über ihn wie über einen Heiligen. Einer seiner Manager erklärte feierlich: »Während ich hier stehe und versuche umzusetzen, was er gesagt hat, ist er mit seinen Gedanken schon wieder in ganz anderen Sphären.« So sprachen sie dort über ihn. Ich hätte sogar gleich nach dem Studium bei ihm einsteigen können, als eine Art persönlicher Assistent. Heute kommt mir das ganz unwirklich vor, aber es sind ja auch 30 Jahre vergangen seitdem.

Warum hast du das Angebot denn nicht angenommen?

Das war nicht meine Welt. Ich habe mich nirgendwo so fremd gefühlt wie in dieser schillernden Geschäftswelt. Aber ich hatte für eine kurze Zeit einen Vertrag als deutscher Berater, ich habe seine Fininvest von München aus über die Entwicklungen des deutschen Medienmarkts auf dem Laufenden gehalten. Und bis heute sind mir einige seiner Phrasen tief im Gedächtnis geblieben. Besonders eine, die ich sehr zynisch finde.

Nämlich?

»Ihr«, sagte er und meinte damit alle, die nicht auf seiner Seite standen, vor allem die Journalisten, »ihr glaubt immer, die Leute wüssten über alles Bescheid, in Wirklichkeit wissen die Leute überhaupt nichts!« Darauf hat er sein Glück gebaut.

Das klingt ja wie eine Filmszene ... So könnte auch ein Mafiaboss reden.

Würdest du denn sagen, dass die Mafia in diesen zwei Jahrzehnten der Berlusconi-Ära stärker geworden ist?

Du sprichst da einen interessanten Punkt an. Man kann nicht behaupten, dass der Kampf gegen die Mafia unter Berlusconi gänzlich eingestellt worden wäre. Und man kann absolut nicht behaupten, dass es nach Berlusconis Rücktritt zu einer Besserung gekommen wäre. Wie das möglich ist? Es ist möglich, weil Berlusconi darauf achtete, die sichtbare Kriminalität in Schach zu halten. Die Botschaft lautete: Wir haben es jetzt mit einer geschwächten Organisation zu tun, die ihrer wichtigsten Kräfte beraubt wurde.

Glaubst du, dass eine Strategie dahintersteckte?

Die Strategie bestand meiner Meinung nach darin, die Verhaftungen an die große Glocke zu hängen und zu verschweigen, was danach passierte, was daraus folgte. Denn es stimmt, dass die Clans durch die Verhaftungen geschwächt werden, aber gleichzeitig hängen sie dann noch enger mit der Politik zusammen. Zweitens ist es immer gut für die Propaganda, wenn man einen frei herumlaufenden Mafioso einfängt, dafür erntet man Zustimmung und demonstriert der ganzen Welt, dass man nicht mit der Mafia unter einer Decke steckt. Berlusconi brauchte das, denn sowohl Dell'Utri als auch Cosentino gehörten zu seinen Leuten - und das waren wirklich nicht die einzigen unter seinen Mitarbeitern, die Probleme mit der Justiz bekamen.

An wen gehen denn heute die Stimmen der Mafia?

Die Mafia unterstützt und wählt immer die, die am ehesten die Wahl gewinnen, aus den Gründen, die ich schon erwähnt habe. Das Problem ist nicht nur, dass die Politik sich auf die Mafia einlässt. Hinzu kommt ihre Unfähigkeit, die Eigenheiten einer Region zu begreifen und zu erkennen, welche Pappenheimer besser draußen bleiben aus den kommunalen Verwaltungen. Dort, wo die Mafia stark ist, richtet der Mangel an Erfahrung vielleicht ebenso unheilvollen Schaden an wie die direkte Zusammenarbeit mit ihr.

Hat die Mafia kein Interesse daran, dass das Land aus der Krise kommt?

Sagen wir, sie trägt nichts dazu bei, es aus der Krise herauskommen zu lassen.

»Sie töten, ohne mit der Wimper zu zucken«

Über Baby-Killer, die Logik der Grausamkeit und das Hundeleben der Mafiosi

Auf mich wirkt es so, als würde immer ein wenig übertrieben und mystifiziert, wenn über die Mafia gesprochen wird, selbst von Experten. Dabei ist die Mafia doch auch so schon schlimm genug. Es heißt zum Beispiel, sie würde jährlich 130 bis 150 Milliarden Euro einnehmen. Francesco Calderoni von der Katholischen Universität in Mailand schätzt dagegen, es seien nur knapp elf Milliarden ...

Es kommt darauf an, wie man rechnet. Bei den Zahlen der Anti-Mafia-Behörde werden nicht nur die Einnahmen durch Schmuggel und Geldwäsche, sondern auch die »legalen« Einkünfte der Mafia berücksichtigt. So gesehen, scheint mir das nicht übertrieben zu sein. Zieht man ausschließlich die durch illegale Geschäfte erworbene Summe in Betracht, dann sinkt die Zahl natürlich. Trotzdem: Der Einfluss der Mafia ist immer noch enorm. In ihren Territorien gehören sehr viele

Unternehmen zu ihrem Netzwerk, und dazu die Arbeiter, die in diesen Unternehmen arbeiten. Wenn man die einzelnen Clans auf die Killer reduzieren würde, dann kämen nur je zwei Dutzend Leute dabei heraus, klar. Aber mit dieser Zählweise wird man der Gefahr nicht gerecht. Man weiß auch, dass die greifbaren Zahlen, die sich nur auf die laufenden Ermittlungen und Beschlagnahmen beziehen, zu niedrig sind.

Einem Bericht der Vereinten Nationen zufolge ist in Italien die Zahl der Mafia-Toten zurückgegangen ...

Das ist richtig.

... und zwar in den Jahren von 1992 bis 2012 um 80 Prozent! Im Jahr 2012 waren es laut UN-Bericht noch 70 Tote. Ist das nicht ein Zeichen der Schwäche? Oder hat die Mafia es nicht mehr nötig zu morden?

Es gibt Leute, die es für ein Zeichen von Stärke halten, dass die Mafia nicht mehr um sich schießt. Ich bin da nicht so sicher. Die Mafiosi halten sich oft auch deswegen zurück, weil sie Angst haben, ins Scheinwerferlicht zu geraten und im Knast zu landen. In letzter Zeit ist die Zahl der Toten auch wieder stark angestiegen.

Durch die sogenannten Baby-Killer, diese blutjungen Gangster von Neapel? Von außen bekommt man den Eindruck, als seien da völlig kopflose Banden am Werk, die alles aufs Spiel setzen.

Das ist ein großer Fehler. Dahinter stehen die alten neapolitanischen Familienclans. Es wäre sonst gar nicht möglich, dass diese Jugendlichen mit Kalaschnikows durch die Gegend ziehen und Drogenhandel im großen Stil betreiben. Diese Kinder kommen aus kriminellen oder der Mafia nahestehenden Kreisen und werden von ihnen angeheuert. Die alten Clans haben kapiert, dass es sich lohnt, sie die Drecksarbeit machen zu lassen: Diese 16-Jährigen töten, ohne mit der Wimper zu zucken, weil sie meinen, noch genug Lebenszeit vor sich zu haben, selbst wenn sie im Gefängnis landen. Sie bekommen zehn Jahre Jugendhaft, das heißt, sie gehen mit 20 ins Gefängnis und kommen mit 30 wieder heraus.

Wahrscheinlich ist es den Camorra-Familien lieber, wenn nicht ihre eigenen Kinder diese Arbeit machen müssen.

Ja, das ist wirklich interessant. Die Camorristi, die es zu etwas gebracht haben, wollen das nicht mehr. In der Fehde von Secondigliano *(einem blutigen Machtkampf zwischen Camorra-Gangs in den Randbezirken von Neapel in den Jahren 2004 und 2005)* stellte sich das als großes Problem dar: Die Nachkommen der großen Bosse konnten nicht schießen.

Machen sie lieber bürgerliche, vielleicht sogar ehrliche Karrieren?

Bürgerlich ja, ob ehrlich, weiß ich nicht.

Wie es aussieht, ist es nicht schwer für die jugendlichen Verbrecher, in die Camorra einzutreten. Ganz anders, als das bei der Cosa Nostra in Sizilien der Fall ist. Ist die Camorra die offenere Mafia-Variante?

Ich würde fast sagen: Die Camorra funktioniert nach dem Leistungsprinzip. Wenn sie dich brauchen können und du das Zeug dazu hast, bist du drin. In den anderen Organisationen ist das sehr viel schwieriger: Die 'Ndrangheta war immer »adelig«, sie achtet auf Abstammung. Da kommst du nur rein, wenn 'Ndrangheta-Blut in deinen Adern fließt.

Ist diese Offenheit gut für die Camorra oder macht sie das angreifbar?

Zunächst ist es erfolgreich, aber wenn es zu einer Ermittlung kommt, machen sich die Lecks bemerkbar.

Weil die jugendlichen Killer alles ausplaudern?

Ja, sofort. Es kommt vor, dass die Camorra diese 16-Jährigen erst als Killer anheuert und sie dann selbst umbringt, damit sie nicht auspacken. Diese Jungs ziehen durch die Straßen und schießen einfach drauflos, in die Luft, auf die Häuser, sodass alle sich zu Boden werfen. Und in den Medien spricht man darüber, als sei das lediglich ein regionales Problem. Es handelt sich aber um ein weit komplexeres Phänomen. Einerseits werden diese Jungs von den alten Clans in den Sold genommen, um die Lücken aufzufüllen, die die Verhaftungen hinterlassen haben; andererseits aber bilden sich neue Paranze (*eine gängige Bezeichnung für Gangs aus Jugendlichen, die eng zusammengeschart durch die Straßen ziehen wie die kleinen Flotten der Fischer - eben die »paranze«, die vor Neapel in See stechen*) von blutjungen Verbrechern mit ganz eigenen Wunschvorstellungen. Sie haben die reichen Kids auf Instagram vor Augen, genauso wie alle ihre Altersgenossen in den vielen peripheren Winkeln dieser Welt. Sie sind kaum der Kindheit entwachsen und fühlen sich schon als die unbestrittenen Herrscher der Städte. Es gibt für sie keine Aufgaben, anhand deren sie sich verwirklichen könnten, sondern nur das Vertrauen in die »kalash«, die Kalaschnikow, ihr Zepter. Wenn man das unterschätzt, hat man nicht verstanden, welche Richtung unser denkwürdiges Zeitalter einschlägt, in dem die Jugendlichen einerseits wirken, als würden sie niemals erwachsen, andererseits aber Instrumente in den Händen halten, die sie mit 14 Jahren schon sehr erwachsen erscheinen lassen.

Es ist ein bisschen so wie in Mexiko, wo der Bandenterror auch als ein regional begrenztes Phänomen betrachtet wird.

Genauso ist es. Und man kann sich gar nicht vorstellen, wie in diesen Gegenden gefoltert und gemordet wird.

Foltern die Baby-Killer von Neapel denn auch?

Ja. Vor gar nicht langer Zeit gab es einen Fall in Neapel, bei dem die lesbische Besitzerin einer Bar gefoltert wurde. Sie haben ihr den Kiefer gebrochen und sie dann kopfüber begraben, mit den Beinen in der Luft. Exakt wie in Mexiko.

Welches Interesse haben aber die Camorra-Familien an solchen Grausamkeiten?

Soweit die Familien noch die Kontrolle über diese Jugendlichen haben, sind deren Dienste für ihr Image sehr einträglich, zugleich aber äußerst riskant. Die Paranze, die inzwischen autonom agieren, wollen mit solchen Aktionen zeigen, wer die Macht hat, sie wollen Schrecken verbreiten. Es gibt in Neapel einen neuen Begriff dafür: »fare la stesa« *(sinngemäß: Leute umlegen)*. Man bezeichnet damit jene Aktionen, bei denen die Jungen auf Motorrollern durch die Innenstadt rasen und im Fahren wahllos auf Leute schießen. Die kriminellen Organisationen brauchen diese Gewalt, um an Einfluss zu gewinnen und den Menschen Angst zu machen. Dazu benötigen sie eine große Anzahl von Leuten.

Haben sie gar keine Skrupel?

Nicht die geringsten. Vor einiger Zeit wurde ein abgehörtes Gespräch veröffentlicht, in dem zwei junge

Camorristi, Antonio Genidoni und Emanuele Esposito, beschließen, sich für den Mord am Vater und am Bruder des einen, nämlich von Emanuele Esposito, zu rächen. Vater und Bruder waren harmlose Automechaniker gewesen, die nichts mit den kriminellen Machenschaften von Emanuele Esposito zu tun hatten. Um sich zu rächen, wollen sie die noch sehr kleinen Kinder des Mörders umbringen. Das Gespräch lässt einen erstarren. Esposito berichtet seinem Gesprächspartner Genidoni, der in Mailand unter Hausarrest sitzt, von dem hinterhältigen Mord in der Werkstatt, er weint dabei: ein hinterhältiger Mord, der schon die Rache für einen anderen schrecklichen Mord war, bei dem um ein Haar auch einige Kinder draufgegangen wären. Das eine Blutvergießen fordert weiteres Blutvergießen, und die Tatsache, dass man auch dort, wo Kinder sind, nicht aufhört zu schießen, dass man Kinder sogar direkt mit Mord bedroht - das zeigt, wie explosiv die Stimmung ist.

Im Vergleich dazu wirkt die Geschichte, die Mario Puzo in seinem Roman Der Pate *über die Mafia erzählt, geradezu harmlos. In gewisser Hinsicht ist der Protagonist Vito Corleone sogar sympathisch.*

Es gibt innerhalb der Mafia durchaus sympathische Menschen, das ist nicht der Punkt. Das Problem bei Puzo ist ein anderes. Seinem Roman fehlt eben das, was ich in meinen Arbeiten immer wieder zu beschreiben versuche: nämlich wie die Mechanismen des Verbrechens funktionieren. Der Leser erfährt nicht, wie Vito zu dem ganzen Geld gekommen ist, er hat keine Ahnung, woher der Reichtum der Corleones stammt. Die schäbige Seite der Mafia wird einfach nicht gezeigt, man kann sie nur erahnen, aber das macht sie nicht weniger schrecklich. Das Elend der Mafia liegt nicht in der Armut, sondern darin, dass die, die ihr angehören, trotz all ihres Reichtums und ihrer Macht das Leben von Ratten führen, immer in irgendwelchen Löchern versteckt.

Man könnte dem Roman auch vorwerfen, dass er die Mafia glorifiziert!

Ja, schon. Trotzdem ist *Der Pate* für mich eines der interessantesten Bücher, die je über die Mafia geschrieben wurden - obwohl es ein Roman ist. Wir sollten solche Bücher wie *Der Pate* oder auch *Camorrista* von Giuseppe Marrazzo in den Gesprächen über die Mafia immer berücksichtigen, denn ohne sie gäbe es gar kein allgemeines Bewusstsein für die Sache.

Aber der Mythos wird im Paten *überhaupt nicht infrage gestellt!*

Nein. Aber wenn man nur Gewalt, Tote und verletzte Gefühle gezeigt hätte, wäre das Leben der Mafiosi auch nicht richtig wiedergegeben worden. Und im Übrigen ist der Film großartig, ein Meisterwerk. Erinnerst du dich noch, wie er beginnt?

Klar, ich habe das Buch drei Mal gelesen und den Film mindestens so oft gesehen ...

Da kommt dieser Typ namens Bonasera völlig aufgebracht zu Don Vito Corleone und erzählt ihm, dass seine Tochter von zwei Kerlen verprügelt worden ist. Aber die beiden Jungen haben nur eine Bewährungsstrafe bekommen. Bonasera will, dass Corleone die zwei Kerle umbringen lässt. Und der fragt ihn, wieso er erst jetzt zu ihm komme: Für dich war Amerika das Paradies. Dein Geschäft geht gut, die Polizei ist da, um dich zu beschützen, außerdem gibt es Gerichte. Wozu noch einen Freund wie mich? Aber jetzt kommst du zu mir und sagst: Don Corleone, verschaff mir Gerechtigkeit! Am Ende tut Corleone ihm den Gefallen, die Jungs werden verprügelt, nicht umgebracht, ein wichtiges Detail. Später macht Bonasera - er ist Bestatter - dann im Gegenzug den völlig zerschossenen Leichnam von Corleones Sohn Sonny für den Trauergottesdienst zurecht. Dieses Beispiel zeigt sehr anschaulich, wie das Prinzip ›Eine Hand wäscht die andere‹ funktioniert, und das ist wichtig, wenn man Italien verstehen will. Das ganze Leben funktioniert so. Außerdem ist es sehr wichtig, sich klarzumachen, wann das geschrieben wurde. Denn die Erzählung stellt die Familie ins Zentrum: Die Familie ist die Achse, an der alles hängt und um die die gesamte Gesellschaft sich dreht. *Der Pate*, der

1969 erschien, zeigt, wie die Familie durch die kriminellen Strukturen zerstört wird: Denn obwohl ihre obersten Gebote eigentlich »Ehre und Respekt« lauten, herrscht gerade gegenüber jenen Menschen, die am meisten beschützt, geliebt, respektiert und verteidigt werden müssten, absolut keine Ehre und kein Respekt.

Ansonsten aber hat Der Pate *kaum etwas mit der Wirklichkeit gemein: Die Mafiosi in diesem Roman haben sogar Wertvorstellungen, bestimmte Verbrechen lehnen sie strikt ab.*

Das entspricht durchaus der Wirklichkeit.

Wie bitte?

Aber ja doch.

Hast du denn bei der Mafia jemals so etwas wie Güte beobachtet?

Ja, sehr oft.

Das musst du mir erklären.

Ein Beispiel: Ein Clan hat allen Mitgliedern, die ein Kind mit Downsyndrom hatten, für diese Kinder Gehälter gezahlt, als seien sie vollwertige Mitglieder. Der italienische Staat hat oft für diese Familien, in denen einer behindert oder schwer krank ist, keinerlei Geld mehr übrig. Oft streicht er gerade bei solchen Familien, die es am nötigsten hätten, die Unterstützung ganz weg. So schafft man den Konsens mit der Mafia. Man kann das bestimmt nicht »Güte« nennen – aber es heißt, der gnadenlose Boss von Secondigliano, Paolo di Lauro, hätte auf einem Spaziergang durch die Straßen von Barcelona beim Anblick des Sonnenuntergangs geweint: weil es ihn an den letzten Sonnenuntergang erinnerte, den er zusammen mit seinem ermordeten Freund Raffaele Prestieri erlebt hatte.

Tränen beim Sonnenuntergang: Das ist doch nur sentimental.

Die Gefühlsdynamik innerhalb der Mafia ist recht komplex. Manche versichern, es gäbe sympathische und unsympathische Mafiosi. Solche mit und solche ohne Gewissen. Raffaele Cutolo zum Beispiel soll nie Reue gezeigt haben.

Es heißt, er habe aus dem Gefängnis heraus Hunderte Morde angeordnet.

Cutolo ist der berüchtigtste Mafiaboss der Welt. Er saß in seiner Gefängniszelle und hat von dort aus den Clan dirigiert. Ich glaube, er war einer der Häftlinge mit den höchsten Haftstrafen in ganz Europa.

Auch Salvatore Riina, Boss aller Bosse der sizilianischen Mafia, wird nie mehr aus dem Knast herauskommen.

Riina ist unfassbar grausam. Und gleichzeitig sehr streng mit sich selbst. Nur eine Frau fürs ganze Leben und jeden Abend zeitig nach Hause. Disziplin, Disziplin und noch mal Disziplin.

Man nannte ihn »die Bestie«.

Genau. Normalerweise ist die Grausamkeit der Bosse funktional und wird gezielt eingesetzt - wenn zum Beispiel eine Fehde ausbricht. Sie sind nicht ununterbrochen grausam. Es gibt da eine unglaubliche Geschichte über Nitto Santapaola (*sizilianischer Mafioso, der lange auf der Flucht war und jetzt eine lebenslange Haftstrafe verbüßt*). Er war ein echter Boss, einer von denen, die Millionen investieren konnten, ein wirtschaftliches Schwergewicht. Eines Tages rissen ein paar Jungs auf einem Motorroller seiner Mutter die Tasche vom Arm, während sie vom Markt zurück nach Hause ging. Die Frau fiel zu Boden und verletzte sich am Knie. Die Jungs wussten nicht, dass sie die Mutter von Santapaola war. Die Mutter kam nach Hause und erzählte, was vorgefallen war. Santapaola war erbost, aber er unternahm nichts, um die Jungen aufzuspüren. Das waren ja nur vier kleine Bengel, meinte die Mutter, und er ließ es gut sein. Dann aber kam ihm zu Ohren, was die Leute darüber dachten: Er sei nicht einmal imstande, seine eigene Mutter zu beschützen, er denke nur an seine Geschäfte, er wisse gar nicht mehr, was sich gehört.

Achtet ein Mafioso auf den Ruf, den er bei den Leuten hat?

Zu Beginn seiner Karriere muss ein Mafioso sich selbstlos geben, um so viel Zustimmung zu erlangen wie möglich. Dann, wenn er zu Macht gekommen ist, ändert sich das total, denn von nun an geht es nicht mehr darum, von möglichst vielen Leuten gemocht zu werden, sondern darum, seine Macht zu verteidigen. Deshalb lässt Santapaola die vier Jungs dann doch aufgreifen, lässt sie erwürgen und begraben. Sie hießen Benedetto Zuccaro, Giovanni La Greca, Riccardo Cristaldi und Lorenzo Pace. Sie waren zwischen zehn und 15 Jahren alt.

Er hat also Kinder ermordet ...

... erwürgt und begraben. Und es heißt, er habe einem seiner Männer, der ihn davon abbringen wollte, gesagt: »Was hätte unser Herr Jesus gemacht, wenn man der Muttergottes einen Arm gebrochen hätte? Er hätte die ganze Welt in Schutt und Asche gelegt ... Ich aber schaffe nur vier Knirpse aus dem Weg.«

Jetzt muss ich dir auch eine Geschichte über Nitto Santapaola erzählen. In München gab es früher ein sehr gutes Restaurant mit einer exzellenten Küche, der Besitzer war Sizilianer, er kochte selbst. Einmal erzählte er mir voller Stolz: Als er noch ein Restaurant auf Sizilien hatte, sei der damals flüchtige Santapaola regelmäßig sein Gast gewesen. Die Kellner waren jedes Mal, wenn er kam, im siebten Himmel, weil er ein so feiner Herr war und überaus großzügig Trinkgeld verteilte. Ist es nicht merkwürdig, dass die Leute vor so einem Typen keinerlei Abscheu empfinden?

Hier begeben wir uns jetzt auf dünnes Eis. Ich könnte dir antworten, das sei normal. Diese Männer sind sehr selbstbewusst und haben meist viel Charisma. Der Kult um die Grausamkeit ist eine Art Marketing-Instrument, Publicity für ihre Macht. Wenn die Mafia jemanden auf »korrekte« Weise umbringt, das heißt: ihm das Genick bricht oder direkt ins Herz schießt, ein sauberer Mord also, ist das nicht besonders gut für die Publicity. Wenn die Killer ihm dagegen das Gesicht zerschießen und auch noch auf den Leichnam urinieren, dann bekommen die Leute Angst. Der schiere Tod verbreitet keinen Schrecken. Das wissen auch die islamistischen Fanatiker vom IS sehr gut. Um zur Mafia zurückzukehren: Den berühmten Richter Giovanni Falcone hätte man sehr gut auch in Rom umbringen können, das sagte zumindest der Leiter seiner Eskorte, denn Falcone ging immer wieder auch alleine aus dem Haus. Aber was hätte das gebracht? Was wäre die Botschaft gewesen? Nein, es brauchte schon ein wirklich spektakuläres Ereignis: eben ein ganzes Stück Autobahn, das in die Luft fliegt.

Unter Falcones Mördern war auch Giovanni Brusca, ein Killer von beispielloser Brutalität.

Ja, er hat zum Beispiel ein Kind entführt, hat es gefangen gehalten und dann in Säure aufgelöst.

Und ausgerechnet dieser Brusca hat dann als reuiger Mafioso mit der Justiz zusammengearbeitet. Wie kann man so einen Menschen als Pentito, also als Kronzeugen akzeptieren?

Die Institution der Kronzeugenschaft ist ein sehr nützliches Instrument für die Untersuchungsrichter.

Aber die Leute, die mit solchen Kronzeugen kooperieren müssen, begegnen die denen nicht mit Verachtung?

Die Menschen sind die eine Sache, eine andere ist es, den Verbrechen auf den Grund zu gehen.

Also muss man, ob man will oder nicht, mit diesem Widerspruch leben?

In einem Land, das die drei gefährlichsten Mafia-Vereinigungen der Welt beherbergt, ist das nicht der einzige Widerspruch, den man ertragen muss. Es heißt, die Ära der Pentiti sei zu Ende gegangen, aber tatsächlich ist das italienische Gesetz heute sehr viel schärfer als früher. Man nennt sie heute nicht mehr Pentiti, sondern Kollaborateure der Justiz – eben weil der Begriff

Pentito, nämlich der Reuige, In-sich-Gegangene, den moralischen Beurteilungen Tür und Tor öffnete, und das ist in diesem Fall nicht sinnvoll. Die Kronzeugenregelungen sind heute sehr streng. Man muss sich nur vor Augen halten, dass die Kollaborateure der Justiz, um glaubwürdig zu wirken, verpflichtet sind, alles, was sie wissen, innerhalb von sechs Monaten auszusagen. Die Regeln wurden eben wegen der verheerenden Erfahrung, die man im Falle Tortora gemacht hat, verschärft.

Der Fall von Enzo Tortora stellt damit sicher einen Wendepunkt in der Geschichte der italienischen Rechtsprechung dar.

So ist es. Tortora war schließlich einer der bekanntesten und beliebtesten Fernsehmoderatoren. Man hat ihn wegen Drogenhandels und der Unterstützung einer kriminellen Vereinigung vom Typ Camorra angeklagt und verhaftet, und das alles aufgrund der falschen Aussagen von ein paar Vorbestraften aus dem Cutolo-Clan. Wir haben alle gelitten und leiden noch heute unter diesem finsteren Kapitel der italienischen Justiz und an der Schmach, die Tortora angetan wurde.

Der berühmteste und wichtigste Pentito war ja der sizilianische Boss Tommaso Buscetta.

Dass Giovanni Falcone so erfolgreich im Kampf gegen die Mafia war, lag daran, dass er Buscetta zum Reden brachte: Seine Aussagen führten zu unmittelbaren Ermittlungen.

Und warum packte ausgerechnet Buscetta aus?

Weil er erkannt hatte, dass Falcone ein fähiger Untersuchungsrichter war. Und tatsächlich gelang es ihm dank der Aussagen von Buscetta, den wichtigsten Mafiaprozess aller Zeiten zu führen: Man nennt ihn den Maxiprozess ...

Warst du bei den Verhandlungen dabei?

Nein, damals war ich noch zu jung, es gibt aber drastische Videos davon. Es war ein Prozess, an dem unglaublich viele Menschen beteiligt waren, wenn man die Angeklagten, Anwälte, Richter, Journalisten zusammenzählt. In den Käfigen saßen all die Männer, die Tommaso Buscetta auf die Anklagebank gebracht hatte. Es herrschte ein unbezwingbares Chaos im Saal – bis zu dem Augenblick, in dem Buscetta hereingeführt wurde, um seine Aussage zu machen. Da herrschte mit einem Mal absolute Stille. Es gibt Großaufnahmen von seinem Gesicht. Aufnahmen, die in die Geschichte Italiens eingegangen sind.

Wurde es still unter den Männern im Käfig, weil sie immer noch Respekt vor ihm hatten?

Respekt, Angst, Neugier. Tommaso Buscetta war die Verkörperung der Geschichte der Cosa Nostra.

Ein Pfarrer in Kalabrien sagte einmal zu mir, die Mafiosi führten in Wahrheit ein schreckliches Leben: Entweder sie landen hinter Gittern oder sie sterben. Schreckt denn dieser Gedanke keinen ab?

Nein. Es ist nicht anders als bei einem Jungen, der anfängt, Wirtschaft oder Jura zu studieren, und genau weiß, er wird eines Tages Diplom-Kaufmann oder Anwalt. Den Gedanken auszuhalten, dass man eines Tages im Gefängnis landen oder tot sein könnte, ist für sie ein Männlichkeitsbeweis. Die Idealisierung des Todes ist fundamental: Deshalb gelingt es der Mafia, trotz allem attraktiv zu bleiben. Der Bereitschaft, für das, was man erreichen will, auch in den Tod zu gehen, haftet ein geradezu episches Moment an. Das Leben zählt einfach nichts mehr, wenn man so denkt.

Und was ist mit den Gefängnisstrafen? Du kannst mir nicht weismachen, dass die, die endlich dort rauskommen, gerne wieder reinmöchten.

Nein, das nicht. Jedenfalls in Italien nicht. Der Artikel 41-bis ist knallhart. Er bedeutet Einzelhaft und erlaubt keinerlei Kontakte nach draußen. Es kommt sofort raus, wenn einer derartige Kontakte herzustellen versucht, es kann nicht verborgen bleiben. Solche Haftbedingungen sind ein weiterer Widerspruch, mit dem unser Land im Kampf gegen die Mafia zurechtkommen muss. Manche sagen, die Isolationshaft sei unmenschlich. Ich bin der gleichen Meinung. Und ich füge hinzu: Sie ist nicht nur unmenschlich, sondern sie offenbart auch das Scheitern der Justiz, das Scheitern des Haftsystems, das vor Isolation und Bestrafung Rehabilitation und Resozialisierung ermöglichen müsste.

Komm, die Mafiosi waren schließlich auch unmenschlich!

Ja, sicher. Aber ist das denn in Ordnung, wenn der Staat Gleiches mit Gleichem vergilt, also nach dem Talionsprinzip verfährt? Die Haft sollte keine Strafmaßnahme sein, sie soll die Bürger beschützen und den Sträfling umerziehen. Ich hege immer noch die Hoffnung, dass die Verurteilungen eine echte Chance zur Rehabilitation in sich tragen und dass man nicht noch brutaler aus dem Knast herauskommt, als man in ihn hineinging. Wenn ich mir einen Boss vorstelle - oder während einer Gerichtsverhandlung in Videokonferenz sehe -, der zehn oder 15 Jahre in Isolationshaft verbracht hat, tut er mir leid. Ich habe dann menschliches Mitleid.

Sind die nicht so brutal und abgestumpft, dass es ihnen vergleichsweise wenig ausmacht?

Francesco Schiavone, der Boss des Casalesi-Clans, den man Sandokan nennt, weint nachts. Das steht im Haftprotokoll.

Weint er, weil er es nicht mehr aushält?

Genau.

Weiß man denn in deinem Casal di Principe oder ganz generell in den Heimatorten der Bosse, wo ein flüchtiger Mafioso sich versteckt?

Ja, das weiß man. Man wusste zum Beispiel, dass Sandokan sich in seinem Haus versteckt hielt. Unter der Erde.

Er wurde von allen gesucht, aber die Leute im Ort wussten, wo er steckte?

Immer, wenn sie kamen, um nach ihm zu suchen, wurde Sandokan in ein Auto gepackt und weggefahren. Die Geschichte seiner Gefangennahme ist wirklich kurios. Der Direktor der Anti-Mafia-Behörde gab der Spezialeinsatztruppe, die extra für die Suche nach Mafia-Bossen ausgebildet war, den Namen »Ghostbusters«. Die Ermittler hatten sich, natürlich mittels Schmiergeld, pro forma einen Bauauftrag geben lassen, es gehörte mit zu ihrem Plan. Das geschah gegen Ende der Neunzigerjahre. Sie verkleideten sich als Bauarbeiter und stellten sich vor die Villa von Sandokan, um möglichst alle Bewegungen zu beobachten. Sie haben sogar einen Peilsender, ein sehr leistungsfähiges, unsichtbares kleines Gerät, an den Unterboden des Rovers geklebt, mit dem Giuseppina Nappa, Sandokans Frau, umherfuhr. Eines Tages merkten sie, dass der Boss zu Hause war. Er war gerade mit dem Auto zurückgekehrt. Sie stürzten ins Haus, um ihn zu ergreifen, aber sie konnten ihn nirgends finden.

Weil er unter der Erde war?

Dieser Verdacht kam ihnen dann. Der Einsatzleiter entdeckte die Belüftungsrohre, die man erst für Gasleitungen gehalten hatte. Er war sich sicher, dass sie in den Bunker führten, aber Genaues wusste man zu diesem Zeitpunkt noch nicht. Also pusteten sie Tränengas in die Rohre. Sandokan, der dort zusammen mit seiner Frau und seinen beiden kleinen Töchtern saß, hielt dem 13 Stunden lang stand. 13 Stunden, in denen die beiden Kinder litten, weil man im Bunker kaum mehr Luft bekam und sie einen Vater vor Augen hatten, der so verängstigt war wie noch nie zuvor. Die Anti-Mafia-Truppe suchte überall, aber erst nach 13 Stunden hörten sie eine weibliche Stimme rufen und begannen, Wände und Fußböden einzureißen. Da endlich gab Sandokan auf und rief: »Nicht schießen! Es sind Kinder hier! Ich ergebe mich, ich ergebe mich.« Sie hielten inne, und er kroch heraus. Unter der Kloschüssel führte eine lange Treppe hinunter in den unterirdischen Bunker, der vier Stockwerke tief war.

Im Kino würde man denken: Das ist jetzt aber ein bisschen dick aufgetragen ...

Ja, aber das ist oft so.

Die meisten Bosse können sich also nicht frei bewegen, ohne fürchten zu müssen, verhaftet oder getötet zu werden.

Genau. Sie führen in Wahrheit ein Hundeleben. So war es im Fall des sizilianischen Bosses Bernardo Provenzano.

Den man »Binnu, den Traktor« nannte? Das ist noch so ein schöner Name!

Man nannte ihn »Traktor«, weil er alles plattmachte. Binnu wurde auf einem alten Bauernhof gefasst. Er trug ein Kruzifix um den Hals, aß Zichorie und las den ganzen Tag in der Bibel, in der er ganz viele Zeilen unterstrichen hatte.

In seinem Versteck fand man bei ihm doch auch bergeweise Zettel, mit denen er nach draußen kommunizierte?

Nur ein sehr naiver Boss würde das Telefon benutzen. Ein einziger Anruf reicht aus, und du bist am Ende. Also benutzen sie Zettelchen oder geben ihre Anweisungen mündlich weiter.

Wurde Provenzano nicht in Corleone gefunden?

Ja, in der Nähe. Keiner verlässt den Ort, an dem er geboren wurde. Dort ist man am sichersten.

Ich habe kürzlich gelesen, dass sich in Corleone einige Unternehmer zum ersten Mal gegen die Schutzgelderpressung gewehrt und die Nachfolger von Provenzano angezeigt haben - ausgerechnet in der Hochburg der Cosa Nostra! Macht dir eine solche Nachricht ein bisschen Hoffnung?

Um sich von den Banden zu befreien, bräuchte es nicht nur Mut, sondern auch einen Staat, der für deine Unversehrtheit einsteht, der dich vor eventuellen Rachehandlungen schützt und dafür sorgt, dass du deine Arbeit ungehindert fortsetzen kannst. In Italien findet man diese Dinge nur selten alle an einem Ort vereint. Es gibt schon Hoffnung, aber es gibt auch noch sehr viel zu tun.

Ich würde dir gerne mal eine grundsätzliche Frage stellen: Meinst du, man könnte dem organisierten Verbrechen ein Ende machen, wenn man wirklich wollte?

Ich glaube, ja. Der erste Schritt wäre, in Europa die leichteren Drogen zu legalisieren. Nicht liberalisieren, denn wenn man sie liberalisiert, kann der Staat nicht mehr die Reinheit der Drogen und ihren Vertrieb kontrollieren, was unbedingt notwendig wäre. Nur indem man die Drogen auf diese Weise legalisiert, kann man die Clans bekämpfen. In Uruguay hat man das getan, und die Macht der Clans ist drastisch zurückgegangen.

Was geschieht, wenn man die Drogen legalisiert?

Der Anbau wird von staatlichen Unternehmen bestritten, die Qualität des Marihuanas wird kontrolliert, es wird überall zum selben Preis verkauft, und keiner kauft es mehr bei den Drogenbanden, die es zu einem höheren Preis und in schlechterer Qualität verkaufen würden. Die Reinheit der Droge, vor allem beim Haschisch, ist ein Thema für die Gesundheitspolitik. Denn die Schäden, die eine mit giftigen Substanzen verschnittene Droge dem Organismus zufügen kann, sind unberechenbar, im wahrsten Sinn des Wortes: Wenn ich nicht weiß, was die Verbraucher da einnehmen an Drogen, weiß ich auch nicht, wie ich sie über die Risiken aufklären kann, die sie eingehen, wenn sie sich das Zeug auf der Straße kaufen.

Also bist du vor allem für die Legalisierung von Cannabis? Ist das immer noch die Droge, die am meisten einbringt?

Ja, unbedingt, es ist die am meisten konsumierte Droge. In Italien schätzt man, dass mindestens vier Millionen Menschen sie zu sich nehmen.

Und was ist mit Heroin, Kokain und den synthetischen Drogen? Würdest du die auch legalisieren wollen?

Ich würde sie alle legalisieren, auch wenn ich weiß, dass das heute unmöglich ist. Ich würde mit den leichten Drogen beginnen. Die schweren Drogen zu legalisieren ist sehr heikel, der Staat müsste da eine große Verantwortung und hohe Kosten auf sich nehmen.

Es würde bedeuten, Wasser auf die Mühlen der Populisten zu gießen!

Das auch, ja. Aber in den Ländern, in denen sich die Legalisierung bis zu einem gewissen Grad durchsetzen konnte, wurde der Heroinkonsum erfolgreich bekämpft. Es war die Schweiz, die damit angefangen hat, die Droge unter ärztlicher Kontrolle an Heroinabhängige abzugeben.

Rauchst du eigentlich selbst auch Marihuana?

Nein, ich habe es probiert, aber es hat mich nicht begeistert. Ich trinke auch fast nie, und wenn, dann höchstens ein Glas. Und du?

Schon seit Ewigkeiten nicht mehr. Ich wüsste nicht einmal, wo ich mir das Zeug besorgen könnte. Ich habe keinen so guten Kontakt zur organisierten Kriminalität wie du.

(*lacht*) Diese Schlagzeile fehlt mir bisher noch: »Saviano beim Gras-Kaufen ertappt!«

Du lebst ohnehin ziemlich asketisch, finde ich. Warum?

Das ist eine gute Frage. Wahrscheinlich würde ich auch ohne die Schutzeskorte keine Exzesse unternehmen - auch wenn ich mir in meiner Fantasie oft ein ganz anderes Leben ausmale.

Ist das eine Reaktion auf das Leben, das du heute zu führen gezwungen bist?

Ja, weil es ein Scheißleben ist. Das Einzige, was mich über Wasser hält, sind - außer einem kleinen, aber umso wilderen Gefühl der Hoffnung - die Menschen, die mich gerne haben.

Wer sind diese Menschen?

Ich vermeide es generell, über mein Privatleben zu sprechen, denn ich werde ja ständig beobachtet. Und ich will nicht, dass die Menschen, die ich liebe, noch mehr unter meinem Unglück zu leiden haben, als das ohnehin schon der Fall ist.

»Es gibt keinen frommeren Menschen als einen Mafioso«

Über den Glauben von Kriminellen, die Macht der Kirche – und die eine oder andere Doppelmoral

Wird das heutige Italien eigentlich immer noch vom Katholizismus beherrscht? Hat er auch dich geprägt?

Die Kirche ist in Italien die einzige Institution, die etwas in Bewegung zu setzen vermag.

In Deutschland gehen auch die Gläubigen häufig nur noch zu Weihnachten und Ostern in die Kirche. In Hamburg, wo ich lebe, ist der Personalmangel so groß, dass in unserer kleinen Gemeinde beim Krippenspiel an Heiligabend wieder einmal kein Priester dabei war.

Ich bin überhaupt nicht religiös und habe für die Kirchenoberen nichts übrig. Aber ich muss anerkennen, dass in vielen Gegenden Süditaliens trotz allem die Kirche zupackt, wenn der Staat versagt.

Und wie verhält sie sich gegenüber der Mafia?

Die 'Ndrangheta hat vor ein paar Jahren in Kalabrien ein Kind umgebracht. Nach dem Mord, zur ersten Sonntagsmesse, kreuzten ein paar Journalisten auf und wollten mit dem Pfarrer sprechen. Er empfing sie sehr unfreundlich: Schluss jetzt, es reicht! Hört auf, über diesen Mord zu reden! Kein Wort mehr über das Kind! Dieses Beispiel macht deutlich, wie die Kirche sich oftmals hinter einer Mauer des Schweigens - der Omertà - verschanzt und zu diesem Zweck Beichtgeheimnis und christliche Barmherzigkeit vorschützt.

Man kann regelmäßig lesen, dass die Prozessionen in Kalabrien, aber nicht nur dort, vor dem Haus eines Mafioso haltmachen. Manchmal muss der arme Heilige oder die Madonna, die da auf den Schultern getragen werden, sich sogar verneigen.

So machen sie das fast immer. Die Mafia ist eine extrem religiöse, gläubige Vereinigung. Der ganze Kodex ist von Religion durchsetzt: Christus, die Muttergottes, die Heiligen. Es gibt keinen frommeren Menschen als einen Mafioso. Das klingt seltsam, ist aber wahr!

Das ist doch Aberglaube und nicht Glaube!

Wenn ein Killer einen umgelegt hat, betet er sofort danach zur Muttergottes, denn nur sie kann in ihrer Güte Gott und ihrem Sohn klarmachen, warum ein Mann solche Schuld auf sich lädt. Ein Killer tötet, um seine Familie zu verteidigen, deshalb ist die

Muttergottes die Richtige, um sich seiner Sünden zu erbarmen.

Man muss lachen, weil das so naiv wirkt, und zugleich schaudert es einen, weil es so pervers ist.

Es gibt Bosse, die weniger gläubig sind. Aber Pater Pio, der Lieblingsheilige vor allem der Verbrecher Kampaniens, wird von allen Camorristi verehrt.

Weil er vielen selbst als Betrüger gilt? Es heißt, dass er zum Beispiel bei seinen Stigmata ein bisschen nachgeholfen habe.

Na ja. Wenn du das Buch *Neapel '44* des amerikanischen Nachrichtenoffiziers Norman Lewis liest, der mit den alliierten Truppen nach Süditalien kam, wirst du sehen, dass die Stigmata noch der geringste Schwindel sind. Lewis erzählt von einem anderen Priester, der behauptet hatte, sich in die Lüfte erheben und Flugzeuge herunterholen zu können. In jedem Fall ist Pater Pio unantastbar. Er ist der Heilige, der den Krebs heilen kann, der den Menschen am nächsten steht. Er wird eben deshalb so geliebt, weil er keine ernsthafte Doktrin vertritt. Was könnte ein Mafioso schon mit Thomas von Aquin oder dem heiligen Franziskus anfangen? Die nicht dogmatischen Heiligen, die, die Wunder vollbringen, die sind doch viel liebenswerter. So muss man sich den Glauben der Mafiosi vorstellen.

Für einen echten Gläubigen klingt das wie Hohn und Spott!

In Scampia, in der Provinz Neapel, war es üblich, sich zu bekreuzigen, bevor man das Heroin in Briefchen packte. Man hält kurz den Atem an, macht das Kreuzzeichen und füllt dann das nächste Briefchen. Der Glaube ist fundamental, weil er für Regeln sorgt. Die Zehn Gebote spielen immer noch eine wichtige Rolle. Der Camorra-Boss Raffaele Cutolo, ein tiefgläubiger Mensch, sagte einmal: »Jesus hat gepredigt, man solle auch die andere Wange hinhalten, aber was danach geschieht, sagte er nicht.« Damit meinte er, nachdem man die Wange hingehalten hat, ist es durchaus erlaubt zu morden.

Und die Kirche macht bei alldem mit ...

Mal ja, mal nein. Erinnerst du dich noch an den Besuch von Johannes Paul II. in Agrigent? Das war am 9. Mai 1993. Vor der Kulisse der antiken Tempel erklärte er: »Ich spreche zu den Verantwortlichen: Kehrt um! Eines Tages wird euch das Jüngste Gericht Gottes einholen.« Er meinte damit die, die für die Attentate von Capaci und Via d'Amelio verantwortlich waren, bei denen die Richter Giovanni Falcone und Paolo Borsellino umgebracht worden waren, dazu noch Falcones Ehefrau und seine Bodyguards. Damit hat er sie getroffen. Nach dieser geradezu revolutionären Rede verübte die Cosa Nostra nun erst recht Attentate, unter anderem auf verschiedene römische Kirchen.

Auch Papst Franziskus hat bei seinem Besuch in Kalabrien starke Zeichen gesetzt.

Ja, er ist ins Gefängnis von Castrovillari gegangen und hat zu den Verurteilten der ’Ndrangheta gesagt: »Auch ich mache Fehler, Gott sei mir gnädig.« Und weiter, über die Angehörigen der ’Ndrangheta sagte er: »Sie leben nicht in der Gemeinschaft mit Gott, sie sind exkommuniziert.« Er hatte damit instinktiv eine geniale Botschaft ausgesandt, und zwar an Ort und Stelle. Denn in der Rede, die er für den Besuch vorbereitet hatte, stand nichts dergleichen. Am darauffolgenden Sonntag hatte keiner von den ’Ndranghetisti den Mut, bei der Messe zu erscheinen, um nicht den Eindruck zu erwecken, er wolle sich von der Organisation absetzen.

Also gibt es doch auch mutige Kirchenleute, die sich der Mafia widersetzen – und zwar sowohl auf höchstem wie auf niedrigstem Niveau, wie man am Priester Don Peppe Diana aus Casal di Principe sieht.

Ja sicher, und es gibt viele, die sich in der Verzweiflung an die Kirche wenden, weil sie nicht sehen, wo sie sonst Hilfe, Trost und Verständnis hernehmen sollten.

Aber auch in Italien nimmt die Zahl der Gläubigen ab. In ganz Rom gibt es angeblich keinen einzigen Pfarrer, der auch dort geboren ist.

Dennoch spielt die Kirche nach wie vor eine enorm wichtige Rolle. Schon allein deshalb, weil sie sich besonders gerne in die Fragen einmischt, die für Italiens Politik fundamental sind. Ihre Vertreter hören nicht auf, Ratschläge und Orientierungshilfen zu geben, und sie beeinflussen damit nicht nur die öffentliche Meinung, sondern auch die Politik selbst. Die Kirche ist in Italien die einzige Institution, die noch ein gewisses Ansehen genießt. Und die Politik, die immer schwächer und verfahrener wirkt und immer auf der Suche nach Wählerstimmen ist, hat jeden Weitblick, alle Visionen aufgegeben, sie versucht nur noch, Sympathien zu erheischen. Deshalb wird ein Thema wie die Legalisierung der Drogen gar nicht erst angesprochen, denn Drogen gehören zu dem Bereich, der moralisch verwerflich ist - dass auch legale Suchtmittel wie Alkohol und Tabak eine unberechenbare Zahl von Opfern fordern, ist dabei vollkommen egal. Ebenso wenig kommt die Sterbehilfe zur Sprache, und sogar die Abtreibung ist auf dem Papier zwar erlaubt, wird aber in der Praxis oftmals aus Gewissensgründen offiziell verweigert. Die Kirche hatte auch ein gewichtiges Wort mitzureden bei der Verabschiedung des Gesetzes für eingetragene Partnerschaften, das sich erst durchsetzen konnte, nachdem schwerwiegende Änderungen vorgenommen worden waren, insbesondere das Adoptionsrecht betreffend, das dann aus dem Gesetzestext ganz herausgestrichen worden ist.

Wagt im Ernst keine Partei, der Kirche zu widersprechen?

Wenn die Politik spürt, dass der Bürger zusammenzuckt, wenn die Rede zum Beispiel auf die Legalisierung der leichten Drogen kommt, hält sie sofort inne. Das Gleiche geschieht mit den Flüchtlingen: Die Politiker spüren, dass die Italiener sich unterwandert fühlen, also führen sie einen Wahlkampf, in dem sie auf diesem Gefühl herumreiten. Irgendwelche Zahlen tun nichts zur Sache, die Wirklichkeit hat der gefühlten Wirklichkeit Platz gemacht.

Das ist ein Vorwurf, den man der Kirche nun wirklich nicht machen kann: dass sie ihre alten Dogmen aufgeben würde, auch wenn wir sie vielleicht für falsch halten.

Es wäre ein Wunder, wenn die Kirche zum Beispiel den Zölibat aufheben würde, es wäre, als würden zwei Parallelwelten, nämlich Wirklichkeit und Scheinwirklichkeit, endlich zueinanderfinden.

Nach dem Muster: Priester haben durchaus auch Beziehungen, sie dürfen sich nur nicht erwischen las-

sen und es vor allem nicht öffentlich zur Schau stellen?

Das kommt schon vor, und in gewisser Weise kann das als Beispiel für den Unterschied zwischen Gesetz und Wirklichkeit dienen. Das Gesetz sagt: Enthaltsamkeit. In Wirklichkeit läuft das meist ganz anders, und keiner regt sich darüber auf, keiner schämt sich, solange nur alles verborgen und verschwiegen bleibt. Das ist sie, die berühmte Doppelmoral: Das Gesetz ist zwar ein erstrebenswertes Ideal, es ist aber praktisch unerreichbar. Es wird trotzdem dem Schein nach respektiert. Das Gesetz ist eine Art Utopie. Die Wirklichkeit sieht ganz anders aus. Das Gesetz sagt: Du sollst nicht töten. Die Wirklichkeit lehrt: Wenn dir jemand dumm kommt und du eine Waffe besitzt und verrückt genug bist, schießt du. Das gilt überall: in den USA, in Europa, in den arabischen Ländern. Wobei ich sagen muss: Als Südländer fühle ich mich zuweilen den Arabern kulturell näher als den Österreichern oder den Deutschen. Das Klima, die Nahrung, die Art des Gestikulierens, die Lebensformen ...

... der Chauvinismus!

Na ja. Es gibt meine Welt, und es gibt die Welt, die ich beobachte und studiere. In der Gegend, aus der ich stamme, sagt man zum Beispiel, es gäbe drei Dinge, die ein Boss im Gefängnis niemals selbst tut: sich die Nägel feilen, sich rasieren und das Bett machen.

Oh Gott, ich wäre wirklich kein guter Boss!

Wärst du im Gefängnis, würdest du neben den Mafiosi keine gute Figur machen, ganz sicher nicht! Aber warte, ich bin ja noch nicht fertig, die Sache wird noch abenteuerlicher. Woran erkennt man einen Schwulen, nach dem Gesetz der Straße? Daran, dass er sich eincremt, einen Schirm trägt, Strümpfe mit Pünktchen anhat. Oder wenn er viel Klopapier benutzt. Und wenn er zum Ausputzen der Ohren nicht den Hausschlüssel benutzt, sondern diese Wattestäbchen.

Wie hält es ein Schwuler oder eine Lesbe aus, dort zu leben?

Sie können da nicht leben, in Caserta und Umgebung ist es so gut wie unmöglich, ebenso in Locri in Kalabrien. In Neapel ist das anders, Neapel war immer schwulenfreundlich. Es gibt in der Camorra sowohl Homosexuelle als auch Transsexuelle. Aber wenn man als Schwuler in Casal di Principe oder Corleone, Locri oder San Luca lebt, ist das Leben sehr, sehr schwer.

Und dieser verschrobenen Welt fühlst du dich im Ernst stärker verbunden als dem Leben in Mailand oder Berlin?

Selbstverständlich nicht. Auch wenn die in diesen Kreisén verwurzelten Ansichten auf mich eine ... ich würde sagen: literarische Anziehungskraft ausüben. Sie beeindrucken mich, ja. Auch deshalb beschreibe ich sie am liebsten in einer erzählerischen Form. In menschlicher und auch persönlicher Hinsicht fühle ich mich natürlich den aufgeklärteren und emanzipierteren Kulturformen näher, und ich verhalte mich auch entsprechend.

Erlaube mir noch eine etwas heikle Frage. Ich hoffe, wir gleiten jetzt nicht zu sehr in das Reich der Vorurteile ab. Ich will dich auch nicht vor den Kopf stoßen. Aber gehört zur südländischen Kultur auch deine äußerst großzügige Art, Verabredungen auszulegen? Ich verzweifle manchmal daran: Für mich ist eine Zusage eine Zusage. Ich habe die lästige Angewohnheit, mich daran zu halten. Aber im Vergleich zu dir komme ich mir da vor wie ein deutscher Pedant. Denn du lässt mit der größten Lässigkeit die Termine sausen, Verspätungen sind an der Tagesordnung, und Verabredungen werden meist verschoben. Aber deine Begründungen und Entschuldigungen sind immer herzerweichend.

(*lacht*) Die südländische Kultur hat damit nichts zu tun, im Gegenteil. Was man sich darüber erzählt, sind größtenteils Klischees. Nein, es tut mir leid, wenn ich zuweilen die Verabredungen nicht eingehalten habe. Aber die Wahrheit ist, dass ich ein geradezu selbstverstümmelndes Leben führe: Sämtliche Ortswechsel, Terminpläne, Begegnungen, die ganze Planung ist der Überprüfung durch die Eskorte unterworfen. Vieles kann sich in letzter Minute noch ändern, aus den verschiedensten Gründen und ganz unabhängig von dem, was ich will. Aber davon abgesehen gebe ich zu, dass mein etwas unbeständiger Charakter seinen Teil dazu beiträgt. Ich fühle mich von allem unter Druck gesetzt; von dem, was ich schreibe, was ich plane, was ich tue. Fast alles, was ich unternehme, erfüllt mich mit einem beklemmenden Gefühl, und das treibt mich oft dazu, meine Pläne zu ändern. Es ist für mich ganz und gar nicht einfach, die Richtung einzuhalten. Man wird ununterbrochen gedrängt, aufgehalten, gefordert, abgelenkt. Es ist ziemlich schwierig.

»Entweder Brigant oder Migrant«

Über alte Zeiten, verlorene Schlachten und eine letzte Hoffnung für den Süden

Wir haben schon ein paarmal über den Bürgermeister von Neapel, Luigi de Magistris, gesprochen. Er hat dich frontal angegriffen, obwohl er wie du ein erklärter Feind der Camorra ist.

Mehrfach hat er behauptet, es gäbe gar keine »Paranza der Kinder«, keine Gangs der Kinder, entgegen allen juristischen Beweisen. Er sagte wörtlich: »In Neapel existiert keine Paranza der Kinder. Von einer Paranza der Kinder zu sprechen in einer Stadt, die über so viel Menschlichkeit verfügt, das ist ein Begriff, den ich mir nicht zu eigen mache, ich finde es schäbig und auch kränkend angesichts des außerordentlich großen Reichtums an Kindern, über den unsere Stadt verfügt.« Nach einem Gerichtsverfahren mit 43 einschlägigen Verurteilungen zu sagen, es gäbe keine Paranza der Kinder, wirft kein gutes Licht auf den Bürgermeister genau jener Stadt, in dem dieses Verfahren angestrengt und durchgeführt wurde. De Magistris hat sich immer eingesetzt für die Stadt, wenn es um ihre positiven Seiten ging, aber kaum jemals, wenn es darauf ankam, das Negative offen anzusprechen und zu bekämpfen: insbesondere jene Verbrecherorganisationen, die schon die Allerjüngsten rekrutieren und ihren Strukturen einverleiben. Er hat nichts getan, das ihn unmittelbar zu einer Zielscheibe für die Camorra machen würde, wenn auch leider - ich betone: leider - niemand sich je sicher fühlen kann.

Aber würde die Camorra denn auch auf so hoher Ebene zuschlagen?

Im Augenblick ist alles möglich. Das eigentliche Problem ist, dass de Magistris sie nicht ernsthaft bekämpft. Nicht, weil es ihm am Mut dazu fehlte, und auch nicht, weil er korrupt wäre, ganz im Gegenteil. Er hält es nur für wichtiger, über die Schönheiten Neapels zu reden. Er befürchtet, die Botschaft könnte sonst lauten, Neapel sei eine Camorra-Stadt. Das alte Lied: Wer über Probleme redet, wird beschuldigt, die Probleme erst groß zu machen. *(Saviano öffnet seinen Laptop und ruft über Youtube eine Rede von de Magistris kurz vor der Kommunalwahl im Juni 2016 auf.)*

De Magistris putscht die Leute regelrecht auf. In dem Video, das du mir gerade zeigst, redet er zum Beispiel von Ketten, dem klassischen Motiv der Arbeiterbewe-

gung: »Zerreißt die Fesseln, sprengt die Ketten!« Meint er das ernst?

Absolut ernst. Und auch das passt zur Beschreibung Italiens heute: Es ist die Stunde der Populisten und Demagogen, ob von rechts oder eben von links, wie de Magistris. Seine demagogische Masche, dieses Gerede von »Alle Macht dem Volk« und Zapatisten-Gerechtigkeit ist nichts als eine einzige Show. Er schafft es aber, die Leute mitzureißen, wie es zuletzt nur Berlusconi gelungen ist. Ein bisschen gelingt das noch Matteo Renzi, aber auch er ist kein Verführer vom Kaliber eines Perón - obgleich er das gerne wäre. De Magistris hat eine Rhetorik, die ihn wie eine Karikatur von Chávez oder Fidel Castro wirken lässt, er ist ein Caudillo. Es macht doch keinen Sinn, wenn ein Bürgermeister von der Befreiung der Unterdrückten redet. Was soll das heißen? Das ist doch reine Rhetorik ... in einer Stadt, in der nichts oder fast nichts funktioniert, auch wenn das natürlich nicht nur seine Schuld ist.

De Magistris hat seine Kundgebung mit einem weiteren bedeutsamen Appell beschlossen ...

Ja, er rief: »Macht Neapel zur Hauptstadt! Nieder mit dem Großherzogtum Toskana!« Das ist schon seltsam, noch nie haben die Neapolitaner dem Königreich Neapel so sehr nachgeweint wie heute.

Im 18. Jahrhundert war Neapel zeitweilig eine glanzvolle, blühende Stadt, ein Anziehungspunkt für viele Europäer. Ist es dieses Neapel, dem die Leute nachweinen?

Ja, die meisten jedenfalls. Im 18. Jahrhundert erlebte das Königreich Neapel eine intellektuelle Hochzeit, von der sich sogar die Französische Revolution inspirieren ließ, zudem ging es im Vergleich mit anderen Monarchien relativ tolerant zu. In Neapel gab es 1799 auch die einzige italienische Revolution, die Revolution der Jakobiner. Daraufhin wurde die gesamte Schicht, die den Aufstand geprobt hatte, geköpft und aufgehängt, was den Philosophen Benedetto Croce zu der Feststellung veranlasste, die Auslöschung des Bürgertums sei der Anfang vom Ende Neapels gewesen.

Was meint de Magistris mit dem »Großherzogtum Toskana«?

Damit meint er Renzi. Als Renzi Ministerpräsident war, lag die ganze politische Macht in Rom in den Händen von ein paar Florentinern.

Du meinst damit seine engsten Berater und Freunde, die mit ihm schon zusammenarbeiteten, als er noch Bürgermeister von Florenz war.

Ja, die, die man gern »die magische Lilie« nannte.

Die Lilie, die im Stadtwappen von Florenz zu sehen ist. War denn die Einigung Italiens im 19. Jahrhundert für den Süden eine Art Annexion?

Die Einigung Italiens war seit jeher der Traum der bürgerlichen Eliten gewesen. Immerhin stellten sie sich unter der Einheit Italiens die Einheit des Volkes vor und nicht bloß ein politisches Konstrukt. In einem gewissen Sinn wurde Süditalien mit Gewalt usurpiert, aber dieser Gewalt ging das Ende des Königreichs Neapel voraus. Die Bourbonen verfügten über ein Heer von hunderttausend Soldaten. Die Freischar unter Garibaldi (*Giuseppe Garibaldi, Anführer der sogenannten Rothemden und einer der wichtigsten Einheitskämpfer Italiens)* zählte anfangs nur tausend Mann.

Das neapolitanische Heer scheint nicht gerade durch viele Heldentaten aufgefallen zu sein. Der Schriftsteller David Gilmour schildert in seinem empfehlenswerten Buch Auf der Suche nach Italien, *wie ein ganzes Bataillon sich ergab, als es auf sechs verirrte Garibaldini stieß.*

Ich glaube, diese Geschichte ist zwar schön erzählt, entbehrt aber jeder Grundlage. Eine Legende sozusagen. Das neapolitanische Heer spielt in der Geschichte eine wichtige Rolle und hat sich oftmals durch Tapferkeit ausgezeichnet. Denke nur an die Diavoli bianchi, die Weißen Teufel, wie Giuseppe Bonaparte (*der*

Bruder Napoleons) sie taufte. Sie waren es, die im Dezember 1813 Napoleon von Aschmjany nach Vilnius geleiteten und dabei in der Eiseskälte, nur mit den Paradeuniformen bekleidet, die Kosaken bekämpften. Nicht einmal die Mäntel hatten sie dabei. Von den 300 Mann, die anfangs ausgezogen waren, erreichten nur 30 das Ziel. Auch General Florestano Pepe, der sie anführte, erlitt Erfrierungen an Händen und Füßen. Die Kapitulation des Bourbonenheeres habe ich immer für einen klugen Schachzug gehalten, nicht für eine Schwäche. König Franz II. und die neapolitanischen Offiziere hatten längst kapiert, dass es aus war. Das System war von innen her zusammengebrochen. Franceschiello, wie sie den König liebevoll nannten, wollte nicht noch Tausende in den Tod schicken, nur um ein Königreich zu verteidigen, das durch Korruption, Isolierung und Verwahrlosung schon aus dem Leim war. Es gab ein bisschen Widerstand, dann beschloss man, die Soldaten zu verschonen, und das war die bessere Wahl. Vielleicht sind wir da anders als die Deutschen mit ihren Helden- und Untergangsmythen, bei allem Respekt.

Aber was auf die Einigung von Italien 1861 folgte, war alles andere als eine soziale Revolution. Weder wurde das Land umverteilt, noch profitierten die süditalienischen Bauern vom neu gegründeten Staat – im Gegenteil: Der Freihandel machte ihnen das Leben schwerer.

Vielleicht hat die Rückständigkeit Süditaliens in diesen Fehlentwicklungen ihren Ursprung?

Die bis heute andauernde Rückständigkeit nahm schon unter den Bourbonen ihren Anfang. Es ist historische Schönfärberei zu behaupten, die Bourbonen seien gute Herrscher gewesen, nur, weil sie freundlich waren, neapolitanisch sprachen und sich mehr oder minder tolerant zeigten. In Wahrheit war das eine korrupte Feudalherrschaft, die darüber hinaus ganz auf Neapel konzentriert war - die Provinzen verwahrlosten. Alles in allem waren die Bourbonen gewiss nicht schlimmer als die anderen Herrscherdynastien des damaligen Europas. Nur gibt es heute sehr viele Neo-Bourbonen, deshalb schaut man jetzt mit Wehmut auf die alten Bourbonen-Könige wie auf wirklich aufgeklärte Herrscher. Na ja, sie haben auch einiges Gutes getan: Zum Beispiel haben sie die erste Eisenbahnlinie Italiens gebaut, die Strecke Neapel–Portici. Sie haben ein Armenhaus errichtet, das Albergo dei Poveri, in dem etwa 8.000 arme und entrechtete Menschen untergebracht waren, das Teatro San Carlo und noch vieles mehr - aber sie gehören eben auch zu den Hauptverantwortlichen für die Rückständigkeit des Südens. Alles, womit der Süden hätte glänzen können, zum Beispiel die Seidenherstellung von San Leucio, war für sie nur dekoratives Beiwerk. Dabei war die Seide von San Leucio die feinste der ganzen Welt.

Die Lebensbedingungen im Süden verschlechterten sich jedenfalls nach der Einheit dermaßen, dass zwischen dem Ende des 19. und dem Beginn des 20. Jahrhunderts mehrere Millionen Süditaliener ins Ausland ausgewandert sind. Viele von ihnen zog es weit weg, auf die andere Seite des Atlantiks.

Es hat in der jüngeren Geschichte keinen größeren Exodus gegeben als den der Italiener. In absoluten Zahlen gemessen sind zwar sehr viel mehr Chinesen emigriert, aber proportional zur Bevölkerungszahl sind wir ihnen voraus. Die Italiener haben sich um ihre Revolution gedrückt, indem sie nach der Einigung Italiens ausgewandert sind – vor allem die Süditaliener, aber auch die Ligurer und Veneter. Argentinien ist voll mit Italienern, genauso Venezuela, Kolumbien, Brasilien, Südafrika, die USA, Kanada, Australien. Italiens wahre Revolution war die Emigration. Sie ist es noch immer.

Wie wirkt sich das denn aus auf das Land?

Manche meinen, das hätte Italien gerettet. Ein süditalienisches Sprichwort lautet: »o sei brigante o sei migrante«. Entweder Brigant oder Migrant.

Aber man hat doch immer wieder versucht gegenzusteuern. Schon 1950 wurde die Cassa del Mezzogiorno gegründet, ein eigener Staatsfonds für den Aufbau des Südens. Dann kamen die Subventionen der EU ... Aber all dieses Geld scheint dem Süden niemals wirklich geholfen zu haben.

Weil die Haltung, die dahintersteht, falsch ist: Die Cassa del Mezzogiorno diente doch nur dazu, den politischen Konsens zu wahren. Zu einem Teil sind die vergangenen Generationen selbst schuld an den Missständen: ein kulturelles Erbe, das auf den Schultern der heutigen Generationen lastet. Denn schaut man sich die Kulturgeschichte des Südens genauer an, sieht man nichts als Unterdrückung, Großgrundbesitz, Brigantentum, Armut. Der heutige Opportunismus des Südens und die vollkommene Abkehr von den Institutionen macht diese Region fast unregierbar. Es sei denn, man regiert mit den gleichen Moralvorstellungen, wie man sie dort vorfindet. Die Süditaliener wollen Regierende, mit denen sie sich identifizieren können.

Das klingt alles sehr fatalistisch. Ist es denn überhaupt noch möglich, Süditalien auf europäisches, besser gesagt, auf nordeuropäisches Niveau zu bringen? Oder ist der Süden verloren?

Für mindestens zwei Generationen ist er verloren. Es gibt allerdings noch eine Hoffnung: Das sind die Einwanderer.

Meinst du die vielen Süditaliener, die jetzt wieder ins Ausland gehen, viele von ihnen auch nach Berlin?

Nein, ich meine die *Ein*wanderer, die die jetzt aus Afrika herüberkommen und den Süden bevölkern – der sich durch sie sehr verändert.

Afrikanische Einwanderer?

In Kalabrien, Lukanien und auch anderswo sind ganze Gebiete praktisch entvölkert. Es sind alle weggegangen. Wenn man die Türken, Syrer, Kurden, Senegalesen hereinließe in die Städte, könnte man die Omertà, die eigentliche Kultur der Mafia, außer Kraft setzen. Und man könnte die alten Traditionen wiederaufleben lassen: Landwirtschaft, Ackerbau, den Anbau von Zitrusfrüchten, von Erdbeeren, ganz zu schweigen von den endlosen Tomatenplantagen in Apulien, Kampanien, Sizilien und Kalabrien! Erinnerst du dich an den kalabrischen Bürgermeister, der von *Forbes* zu einem der einflussreichsten Männer der Welt gekürt wurde?

Einige deutsche Medien haben darüber berichtet.

Er heißt Mimmo Lucano, und er regiert ein Dorf namens Riace in Kalabrien. Als einziger Italiener landete er auf der *Forbes*-Liste, auf Platz 40. Er hat Flüchtlinge in sein verlassenes Dorf geholt. Sie sind in die leeren Häuser gezogen, haben sie instand gesetzt, Erdbeeren und Kirschen angebaut. Sogar eine Schule gibt es. In Italien hat man kaum darüber geredet, aber die ganze Welt pilgert dorthin, um es sich anzusehen. Es gibt dort so gut wie keine Konflikte, Christen leben mit Muslimen zusammen: Das nenne ich Integration.

Mal abgesehen davon, dass es in den deutschen Berichten nicht ganz so paradiesisch klang: Meinst du wirklich, dieses Beispiel könnte Schule machen? Angesichts all der Vorurteile gegenüber Flüchtlingen wäre der politische Preis, den man dafür zahlen müsste, immens hoch.

Mag sein, aber mancherorts vollzieht sich diese Entwicklung doch ganz von selbst. Castel Volturno ist heute eine nigerianische Stadt. Sie liegt am Meer westlich von Caserta und ist vollkommen in nigerianischer Hand.

Tolles Beispiel! Soviel ich weiß, geht es dort drunter und drüber.

Alles läuft illegal, es herrscht das totale Chaos. Aber vielleicht ist diese Unordnung der Auftakt zu etwas Neuem, etwas Besserem. Der berühmte Roman von Malaparte *Die Haut*, ein wahres Meisterwerk, macht deutlich, dass man Neapel nicht mit demselben Maß messen kann wie Berlin oder Montpellier. Es kommt nicht immer nur auf Ordnung und Sauberkeit an. Wenn man nur danach geht, hat man schon verloren.

Den Roman von Malaparte mag ich auch sehr, ich habe ihn zur Vorbereitung auf unser Gespräch auch noch mal gelesen. Malaparte war ja Deutsch-Italiener, eigentlich hieß er Kurt Erich Suckert, Malaparte war sein Pseudonym. Ganz zu Anfang des Romans sagt jedenfalls der Protagonist – der in Wahrheit Malaparte selbst ist – über Neapel: »Kein Volk auf Erden hat so viel gelitten wie das neapolitanische Volk. Es erduldet Hunger und Knechtschaft seit 20 Jahrhunderten und klagt nicht. Es verflucht niemanden, hasst niemanden: nicht einmal sein Elend. Christus war Neapolitaner.«

Auch damit trifft Malaparte voll ins Schwarze. Der Roman spielt ja gleich nach dem Zweiten Weltkrieg. Seitdem hat sich die Mentalität der Neapolitaner nicht sehr verändert. Neapel wurde immer beherrscht, unterdrückt, ausgeplündert, und darum sah es in den Obrigkeiten niemals vertrauenswürdige Gesprächspartner. Alle wussten, dass schon am nächsten Tag andere kommen konnten und dass es zudem wieder Fremde sein würden. Das neapolitanische Volk hat sich immer selbst organisiert, unabhängig von den Verwaltern und Bürokraten. Die bürokratischen Vorschriften sind da, um umgangen zu werden. Aus diesem Grund konnte die Vorstellung, dass die Institutionen irgendetwas zur Verbesserung beitragen könnten, niemals Fuß fassen in Neapel. Die Neapolitaner haben sich immer allen unterworfen, lebten aber sozusagen in Eigenregie, und das macht einen Gutteil ihres Charmes aus, diese heimliche Unabhängigkeit von allem und jedem. Der

Unzulänglichkeit der Verwaltung begegneten sie mit Schläue, den Übergriffen mit Toleranz und ihrem Talent, sich damit zu arrangieren.

Jetzt muss ich dir noch eine Frage stellen, von der ich hoffe, dass du sie als Urban Legend abtust. Es hält sich nämlich hartnäckig das Gerücht, dass sich in manchem Brotlaib und manchem Keks in Neapel Mehl verbirgt, das aus den Leichen der Opfer von Camorra-Verbrechern gemacht wurde. Ist da was dran? Klär das doch bitte ein für alle Mal auf!

Ich glaube nicht, dass man aus Leichen Mehl herstellen kann. Dieses Gerücht entstand damals, als die von der Gesundheitsbehörde ausgesandten Carabinieri in einigen Bäckereien Neapels entdeckten, dass man dort Holz von lackierten Türen oder von Särgen verarbeitete. Das heißt natürlich nicht, dass das die Regel ist. Ich bin aber mal einem jungen Bäcker begegnet, der mir ganz treuherzig erzählte, dass es für ihn normal sei, Abfallholz aus der Sargherstellung zu verwenden, weil dieses Holz weder lackiert noch chemisch behandelt ist und es also schade wäre, es wegzuwerfen. Ich weiß nicht, ob er die Wahrheit sagte oder nicht, aber jedenfalls sollten die Reglements für Backwaren streng eingehalten werden, denn diese fatalen Zutaten können sehr schädlich sein für unsere Gesundheit. Aber auch hier konnte die Camorra jahrelang eine Marktlücke ausnutzen: frisches Brot am Sonntag. Da es das legal nicht gab, haben die Clans es illegal verkauft. Doch um noch einmal auf das Thema Flüchtlinge zurückzukommen: Ich möchte darauf bestehen, dass der Süden nur gerettet werden kann, wenn man ihn den Flüchtlingen überlässt.

Und das in dem teilweise so xenophoben Italien? Willst du, dass die Lega Nord unter ihrem Anführer Matteo Salvini und andere populistische Parteien die Oberhand gewinnen? Die Lega ist jetzt schon erschreckend stark.

Na ja, das ist dann eben so. Die kalabrischen, kampanischen, sizilianischen, apulischen Städte würden wieder zum Leben erwachen, und selbst die borniertesten und ignorantesten Bürger würden staunen.

Aber wenn Italien doch schon jetzt mit dem Flüchtlingsproblem nicht fertigwird ...

Im Gegensatz zu Deutschland, nicht wahr?! (*lacht*) Das war ein Scherz. Es wäre absurd, auf dem Rücken von geflüchteten Männern, Frauen und Kindern einen Wettbewerb austragen zu wollen. Italien hat ein Riesen-Aufnahmeproblem, weil die Politik, wie immer, auch hier den kürzesten Weg einschlägt. Sie sagt einfach: »Macht euch keine Sorgen, wir schicken sie wieder nach Hause«, anstatt zu sagen: »Wir tun unseren Teil, und Europa wird den seinigen tun.«

Es ist ja nicht nur die Politik, es sind ja auch die Leute: In einem Urlaubsort im Süden der Toskana, den wir beide gut kennen, nämlich das von Linksintellektuellen und wohlhabenden Römern im Sommer heiß geliebte Capalbio, sollten im vergangenen Jahr 50 Flüchtlinge in Ferienwohnungen untergebracht werden. Das hat das Dorf massiv zurückgewiesen, und du hast dich darüber in la Repubblica *echauffiert: Das »kleine Athen« hätte ein gutes Beispiel geben sollen! Viele in Capalbio haben das gelesen und sind sauer auf dich, auch wenn sie dich im Prinzip schätzen. Du hast auf die linken Intellektuellen eingeschlagen, die aber mit dem Protest nichts zu tun hatten. Er kam von den Leuten aus dem Dorf, die im Winter nicht mehr als 300 sind. 50 Flüchtlinge auf 300 Bewohner an einem Ort ... Kann man als Intellektueller derart über den Unmut und die Ängste der Leute hinweggehen? Nebenbei bemerkt: Sie werden jetzt 15 Flüchtlinge aufnehmen.*

Die Flüchtlinge werden abgelehnt, weil sie mit Verbrechern gleichgesetzt werden. Zum Beispiel geht die italienische Politik mit den Roma völlig falsch um. Diese Menschen brauchen Legalisierung und Eigenverantwortung, man muss den Sinti und Roma anständige Wohnlager zur Verfügung stellen, für die sie Miete zahlen, es muss Leute geben, die diese Wohnlager leiten und die Familien zur Verantwortung ziehen, wo es notwendig ist, insbesondere für ihre Kinder. Ähnlich wie unter den Habsburgern. Damals haben die Sinti und Roma eine regelrechte Blüte erlebt, sie hatten ihre Rechte, und wenn es ein Problem gab, redete man mit ihrem Oberhaupt. Der Fehler liegt darin, dass man von den Roma redet wie von einem Haufen krimineller Zigeuner. Es gibt inzwischen auch bei den Roma Mafiosi, aber man sollte endlich beginnen, zwischen jenen zu unterscheiden, die dieser Mafia angehören, und den vielen, die sich nur nach Normalität und Integration sehnen.

»Die Teufel haben die Oberhand«

Über die Grenzen des Rechts und den Frust der Italiener

Was ist eigentlich aus der Anti-Mafia-Bewegung geworden? Im Ausland galt sie nach dem Tod von Giovanni Falcone 1992 als große politische Hoffnung.

Ja, mit Falcones Tod änderte sich etwas. Jeder kannte ihn. Er war der Richter, der im Fernsehen auftrat und Bücher schrieb. Paolo Borsellino, ebenfalls Richter und ein wichtiger Verbündeter, spielte auch eine große Rolle. Er sagte: Redet über die Mafia, überall, im Radio, im Fernsehen, in den Schulen! Da hat das Land angefangen zu begreifen, dass man Dinge ändern kann, wenn man die eigene Gleichgültigkeit überwindet und seine Stimme erhebt. Das war der sogenannte Frühling von Palermo.

Nach dem Mord an Falcone haben sie dann noch Borsellino umgebracht. Das hat viele Menschen in Italien ungeheuer empört, auch auf Sizilien. Ich selbst habe mir damals ein Plakat mit einem Foto von Borsellino und Falcone gekauft. Es zeigte die beiden lächelnd, und darunter stand geschrieben: »Damit dieses Lächeln für immer lebe«. Das Bild hing viele Jahre lang in meinem Büro.

Ja, ganz Italien war erschüttert. Die Cosa Nostra hatte das vermutlich nicht erwartet, für sie endete das Ganze eher in einer Niederlage. Der Mord an Borsellino war aber angekündigt, auch wenn alle dachten, man könne ihn verhindern. Auf den letzten Fernsehbildern, die man von Borsellino gemacht hat, zeigt sein Gesicht einen erschreckenden Ausdruck. Ich weiß nicht, vielleicht habe ich das auch nur hineininterpretiert, aber man hatte den Eindruck, er wusste genau, dass er bald sterben würde. Er durchlitt ein Martyrium wie ein christlicher Märtyrer, der sich opfern muss.

Du glaubst, er wusste, dass er sterben musste? Obwohl die Polizei nach dem Tod von Falcone in höchster Alarmbereitschaft war?

Er wusste es mit Sicherheit. Du erinnerst dich doch an Antonino Caponnetto, den Lehrer von Falcone und Borsellino?

Aber der war zur Zeit der Morde doch gar nicht mehr in Sizilien?

Er lebte in der Toskana. Gleich nach dem Mord an Borsellino fuhr er nach Sizilien, um der Mutter und der Schwester Rita einen Kondolenzbesuch abzustatten. Als er wieder herauskam, fragte ihn ein Journalist: »Gibt es keine Hoffnung mehr für Sizilien?« Was Caponnetto antwortete, hat mein Leben verändert. Ich denke immer daran, wenn es mir schlecht geht. Ich habe das Gespräch hier auf meinem Handy gespeichert: »Es ist alles aus«, sagte er. »Warum ist alles aus, Dottor Caponnetto? Warum ist alles aus?« - »Weil ...« Es verschlug ihm die Sprache. »Fragen Sie mich nicht weiter.« Das ist schrecklich.

Und warum hat das dein Leben verändert? Warum denkst du gerade daran, wenn es dir schlecht geht?

Es ist, als hätte Caponnetto gesagt: »Es hat keinen Sinn mehr, sich von den Institutionen Gerechtigkeit zu erhoffen.« Und, wohlgemerkt, er sagte das nicht, weil er selbst kapituliert hatte, er stellte es vielmehr fest. Der Staat hatte kapituliert. Und Caponnetto hätte in diesem Moment nichts Klügeres - und zugleich nichts Grauenhafteres - sagen können als das.

Aber es war ja nicht alles aus. Auch heute noch riskieren Richter und Staatsanwälte im Kampf gegen die Mafia ihr Leben.

Einige bestimmt. Über tote Richter wie Falcone fällt es leicht zu sagen: »Sie gehörten zu den Mutigsten«, denn über Tote redet man immer gut, sie können keinem mehr Angst einflößen. Ich teile die Richter in zwei Kategorien ein: Die erste besteht aus denen, die »im Geist des Dienens« handeln, wie Falcone es nannte.

Was wollte er damit sagen?

Als man ihn einmal fragte, warum er sich das alles aufbürdete, antwortete er: »Ich tue das einzig und allein im Geist des Dienens.« Das war eine sehr kluge Antwort. Es bedeutet: Ein Richter soll alles tun, was in seiner Macht steht, ohne sich selbst zu beweihräuchern und ohne sein Amt als Sprungbrett für andere Zwecke zu missbrauchen ...

... als Sprungbrett zum Beispiel, um in die Politik zu gehen.

Das kommt vor. Es gab in der Geschichte Italiens diesen Moment, in dem die Richter das einzig Gute und Unverdorbene in diesem Land zu sein schienen ...

... nach der Aufdeckung des großen Schmiergeldskandals Tangentopoli Anfang der Neunzigerjahre, als das ganze alte Parteiensystem zusammenbrach. Es war die große Zeit des Staatsanwalts Antonio di Pietro, dessen Team die Ermittlungen unter dem berühmt gewordenen Namen »Mani Pulite« (saubere Hände) *führte.*

Ja. Aber Richter und Staatsanwälte leiden natürlich unter denselben Fehlern wie alle Menschen - und auch unter den Fehlern des Systems. Es gibt die Karrieristen, die Ehrlichen und die nicht ganz so Untadeligen.

In Rom gibt es den inzwischen berühmten Giuseppe Pignatone, der die Ermittlungen über die Hauptstadt-Mafia geleitet hat. Über Jahrzehnte hat die Mafia Capitale die Stadtverwaltung in der Hand gehabt und von ihr profitiert, im November 2015 begann der Prozess gegen 46 Angeklagte, das Gericht tagte in einem Bunker. Kannst du einem Nichteingeweihten mal erklären, wie die Mafia Capitale funktioniert hat? Wenn ich es versuche, denken die Leute, das sind Geschichten von einem anderen Stern.

Die Vergabe sämtlicher großer, öffentlicher Aufträge – für die Mensen, die Stadtreinigung, die Flüchtlingsaufnahme – wurde von einer kriminellen Organisation gelenkt. Das an sich ist bei uns noch relativ normal. Das für einen Menschen wie dich, aber auch für uns Italiener Unbegreifliche daran ist, dass die beiden Männer, die den ständigen Austausch zwischen Politik und Unternehmen gemanagt haben, zwei bestens bekannte Kriminelle waren: Der eine, Massimo Carminati, ist ein ehemaliger Kämpfer der rechten Terrororganisation Nuclei Armati Rivoluzionari. Bei der Stürmung einer Absperrung hatte er durch eine Polizeikugel ein Auge verloren. Der andere, Salvatore Buzzi, mit eher linken Sympathien, hatte mal einen Kollegen umgebracht und war dann zu 30 Jahren Haft verurteilt, aber vorzeitig entlassen worden, wegen so vorbildlicher Führung, dass das sogar die Presse beachtenswert fand.

Diese beiden feinen Herren schlossen sich zusammen – wie gesagt: der eine links, der andere rechts. Hätten sie sich als Hausmeister in einer Mittelschule beworben, wären sie abgelehnt worden. Aber sie konnten, offenbar ohne dass sich jemand weiter daran gestört hätte, die Hauptstadt mitregieren.

Keiner der Bürgermeister, die in dieser ganzen Zeit an der Macht waren, aus keiner Partei, will etwas bemerkt haben? Oder haben sie es einfach laufen lassen?

Der Ex-Faschist Carminati hat in einem abgehörten Gespräch eine großartige Erklärung dafür gegeben, weshalb dieses System so stabil ist. Er bezeichnet sich dort als Bewohner einer »Mittelwelt«. Das heißt: Oben sind die, die ihr Geld legal verdienen, unten die, die es illegal verdienen, und wir sind in der Mitte. Die oben können nichts ausrichten ohne die unten, die unten nichts ohne die oben, und wir sind der Treibriemen dazwischen: Wir verbinden das Unternehmen, das den Auftrag erhält, mit der Politik, die ihm den erteilt. Staatsanwalt Giuseppe Pignatone, der das alles aufdeckte, führte die Ermittlungen nach süditalienischem Modell.

Er hat ja auch in Palermo angefangen. Und wie funktioniert dieses Modell?

Man stellt die Schmiergeldzahlungen nicht unter den Korruptionsparagrafen, sondern rechnet sie dem organisierten Verbrechen zu. Es gab ja auch eine gewalttätige Sektion. Die Verteidiger der Angeklagten leugnen das natürlich. Aber dank der Erkenntnisse, die man im Süden gewonnen hat, ist es möglich, die Machenschaften in Rom und auch im Norden Italiens in ihrer ganzen Tragweite zu begreifen.

In Deutschland kennt man die kämpferische Staatsanwältin Ilda Boccassini, die einige der heikelsten Ermittlungen gegen Berlusconi vorangebracht hat.

Eine sehr eigenwillige Person, aber eine einzigartige Ermittlerin. Ich habe ihre Arbeit immer als besonders korrekt empfunden. Alle Welt kennt den Fall Ruby. Boccassini hat daran nicht der schlüpfrige, der sexuelle Aspekt interessiert, sondern das System, das Berlusconi mit Huren versorgte und durch das er sich erpressbar machte.

Ist sie nicht eine würdige Nachfolgerin von Falcone?

Aber ja! Falcone hat viele Nachfolger. Sie hat bei ihm in Palermo gearbeitet, als sie noch sehr jung war. Zwischen ihnen herrschte Verständnis und Übereinstimmung in dem, was sie erreichen wollten. Und sie hat ein besonderes Verdienst: Sie hat es geschafft, unbeirrt und mit der vollen Härte des Gesetzes gegen das bis dahin unbescholtene Bürgertum vorzugehen.

Wenn Italien wirklich so kaputt und korrupt ist, wie du es schilderst, wie kann es dann sein, dass eine Frau wie Ilda Boccassini, die den Mächtigsten des Landes zu Leibe gerückt ist, noch am Leben ist und dazu noch von vielen Italienern bewundert wird?

Wenn wir jetzt über Leben und Tod sprechen, müssen wir eins klarstellen: Wenn ein Staatsanwalt, Journalist oder Schriftsteller sich mit Kriminalität und Mafia beschäftigt und dabei am Leben bleibt, so ist das nicht der mildtätigen Großzügigkeit der Mafia zu verdanken. Damit würde man nämlich der Mafia grenzenlose Macht zugestehen. Ilda Boccassini hat jahrelang ihr Privatleben gegen wüste Attacken verteidigen müssen, man wollte sie so lange diskreditieren, bis sie sich in ihrem Job nicht mehr halten kann. Man hat mit einer vollen Dreckschleuder auf sie gezielt.

An diesen Versuchen der Demontage haben sich auch Politiker und Journalisten beteiligt. Was ist mit den Polizisten? Werden auch sie von der organisierten Kriminalität verfolgt?

Und ob! Man greift damit direkt den Staat an. Allerdings: So ein ständiges Kräftemessen, durch das eine Region andauernd ins Licht der Öffentlichkeit rückt und praktisch überwacht wird, ist nicht gut für die Geschäfte der Clans. Die kriminellen Vereinigungen sind ja in erster Linie wirtschaftliche Vereinigungen.

Carlo Alberto Dalla Chiesa, General der Carabinieri und zuletzt Präfekt von Palermo, wurde 1982 in seinem Auto erschossen.

Das war eine schreckliche Geschichte. Als man ihn umbrachte, war ich noch jung, aber die Bilder von diesem kleinen Auto ... Ich habe sie bestimmt ein paar Dutzend Mal gesehen, und sie erschrecken mich jedes Mal. Dieses winzige Auto mit den durchlöcherten Toten darin ...

Ich glaube, es war ein Autobianchi, klein wie ein alter Mini.

Die Mörder haben ihn zusammen mit seiner zweiten Frau getötet, um den großen Altersunterschied zwischen den beiden herauszustellen. Sie hätten auch nur ihn umbringen können. Sie töteten aber beide, um sie durch den Dreck zu ziehen. Sie töten dich nicht nur mit Gewehrkugeln, sondern auch mit Worten und Insinuationen, auf die gemeinste Weise. Sie diffamieren dein Privatleben und zerstören jede Spur von öffentlichem Ansehen. Und die Mafia weiß genau, wie man das anstellen muss, damit es wirkt. Über Pippo Fava (*sizilianischer Journalist und Dramatiker*), den sie auch ermordeten, sagten sie, er sei schwul gewesen und habe sich an Minderjährigen vergriffen, und nicht sie hätten ihn umgebracht, sondern er sei das Opfer eines Affektmordes gewesen. Es ist gar nicht schwer, jemanden zur

Zielscheibe des allgemeinen Spotts zu machen. Derjenige, den es trifft, erleidet Qualen. Und wenn nun einer in Deutschland über das organisierte Verbrechen schreibt? Du hast mir mal berichtet, in Deutschland sei es eine Art Sport, prominente Persönlichkeiten zu Fall zu bringen: Hätten die Deutschen denn auch Spaß daran, jemanden wie mich zu stürzen?

Ich vermute, ein Autor, der über das organisierte Verbrechen schreibt, hätte bei uns nicht viel zu befürchten. Gottlob! Niemand feindet dich persönlich in Deutschland an. Etwas anderes ist der allgemeine Umgang mit Erfolgsgeschichten. Der Reflex hat ein bisschen abgenommen, aber im Prinzip funktioniert es bei uns so: Zuerst sind sie alle hingerissen, viele Medien kriegen sich kaum noch ein, wie toll dieser Politiker, dieser Fußballer oder dieser Kirchenmensch ist. Dann kommt ein Fehltritt - und sie werden fertiggemacht. Die vorangegangene Lebensleistung zählt dann auch nicht mehr viel.

Das ist auf der ganzen Welt so. Auch in Italien. Obgleich es dort so viele großherzige Menschen gibt: Italien ist ein boshaftes Land geworden!

Dabei glauben wir in Deutschland, die Italiener seien eben nicht so, sondern großzügig und verhältnismäßig anständig, selbst im Krieg.

Bei den Italienern hat sich verständlicherweise viel Frust angestaut, weil sie sich nicht mehr verwirklichen können, weil die Auswanderung das Land aushöhlt, weil es keine Arbeit gibt. Das bringt sie dazu, jeden zu hassen, der Erfolg hat, selbst wenn er nur einen Arbeitsplatz gefunden hat. Die Italiener haben keinen Teamgeist mehr. Besser ein Fremder gewinnt als einer, der dir nahesteht: Denn dann müsstest du dich ja vor dir selbst rechtfertigen, und das geht unter die Haut, das tut weh. Wenn dagegen der Gewinner Lichtjahre entfernt ist, trifft dich keine Schuld. Das Gleiche gilt für den Kampf gegen die Mafia: Diejenigen, die etwas gegen sie tun, werden zwar bewundert, aber manchmal ruft das auch Schuldgefühle hervor, die sich in Misstrauen und nicht selten in richtigen Hass verwandeln können. Der Historiker Francesco Guicciardini hatte einen sehr realistischen Blick auf Italien. Für ihn war Italien »ein Land der Contrade« – ein schönes Bild.

Die Contrade sind die Stadtviertel in Siena und in anderen mittelalterlichen Ortschaften.

Die Contrade von Siena fallen einem dabei als Erstes ein, aber ich meine mit Contrada allgemein einen Stadtteil: ein paar benachbarte Straßen, Häuser, Familien, die sich miteinander verbunden fühlen durch die gemeinsame Geschichte, durch den Stolz auf die gemeinsamen Traditionen, durch gleiche Vorstellungen – und die oft im Widerstreit stehen mit den Angehörigen der anderen Contrade. So etwas wie Parteien, aber im übelsten Sinn des Wortes. Zwischen den so verstandenen Contrade herrscht erbitterte Feindschaft. Und das kann man auf das ganze Land übertragen: Die einen Schriftsteller hassen die anderen Schriftsteller, die einen Journalisten die anderen, die einen Regisseure die anderen. Dieses Land ist einerseits gezeichnet von gnadenlosem Konkurrenzdenken, vom sogenannten Campanilismo, einer Kirchturmpolitik, andererseits aber auch von Vielfalt, kulturellem Reichtum und unleugbarer Schönheit. Aber Städte und Gemeinden arbeiten nicht miteinander, sondern gegeneinander, sie konkurrieren, versuchen einander zu übertrumpfen und sich gegenseitig aus dem Feld zu schlagen. Das kostet viel Energie und macht gemeinsame Planung unmöglich, auf der anderen Seite schafft es Identität und Vielfalt. Der Palio von Siena ist ein besonders schönes Beispiel dafür. Dieses Pferderennen in all seiner Rücksichtslosigkeit, Leidenschaft, Genialität, mit all seinem Aberglauben und seiner Korruption, ist ein Sinnbild Italiens.

Werden in Siena Jockeys gekauft?

O ja! Im Palio ist alles erlaubt: zu korrumpieren, den Rivalen vom Pferd zu stoßen und so weiter. Streng die Regeln zu befolgen ist etwas für Verlierer. Die reicheren Contrade sorgen dafür, dass die Jockeys der Gegner absichtlich verlieren, sie sagen denen: »Ich gebe dir 20.000 Euro, dafür versuchst du erst gar nicht zu gewinnen, sondern bringst dein Pferd in der San-Martino-Kurve zum Stürzen oder haust den Jockey XY vom Pferd.« Und häufig lässt der Jockey sich darauf ein. Wenn seine Contrada ihn allerdings erwischt, schlägt sie ihm den Schädel ein, das ist schon öfter vorgekommen. Und genauso ist das ganze Land. Italien ist voller Talent, Wagemut und Heldentum, voller Durchtriebenheit und Possen. Es ist bunt, elegant und chauvinistisch, boshaft und verlogen. Wenn man Italien verstehen will, muss man sich nur den Palio ansehen: Welche Contrade sind die erbittertsten Feinde? Die, die einander am nächsten sind. Welche machen gemeinsame Sache? Die, die am weitesten auseinanderliegen. Das ist geradezu anthropologisch. Der Palio, das ist Italien: in all seiner bezaubernden Schönheit, seinem Fanatismus, seiner Leidenschaftlichkeit, seiner Korruption, seiner Unveränderlichkeit. Italiener zu sein ist ein Schicksal, wie in der Contrada dell'Istrice (*Contrada des Stachelschweins*) oder der Contrada del Bruco (*Contrada der Raupe*) geboren zu sein.

Jetzt betreten wir vermintes Gelände.

Warum?

Wollen wir über den italienischen Volkscharakter reden, wenn es ihn denn gibt? Hat zum Beispiel Francesco Schettino, der Kapitän der havarierten Costa Concor-

dia - den die Deutschen völlig zu Recht für das Allerletzte halten, weil er das Kreuzfahrtschiff ins Unglück navigierte, offenbar in der Absicht, einer Frau zu imponieren, und sich dann einen schlanken Fuß machte -, hat dieser Schettino irgendetwas typisch Italienisches?

Vielleicht die Weigerung, Verantwortung zu übernehmen.

Schettino ist in Italien - auch das ist nicht zu fassen - inzwischen eine Art Star geworden.

Aber ein Star ohne Glanz. Schettino ist kein positiver Held, er ist nur dadurch bekannt geworden, dass der tragische Unfall der Costa Concordia zu einem der meistdiskutierten Medienthemen wurde. Aber so läuft das eben in Italien, Schettino bedient sich jetzt der Parolen der politischen Rechten: »Seht her, ich bin ein Opfer der üblichen Richter, die sich immer auf die Falschen stürzen.« Und diejenigen, die die Justiz und bestimmte Zeitungen hassen, schlagen sich auf seine Seite. Jetzt ist er als Einziger verurteilt worden. Und das weitet die dramatische Aura, in die er gehüllt ist, nur noch mehr aus.

Wie aber ist es möglich, dass die Sapienza-Universität in Rom Schettino einlädt, einen Vortrag über Panik-Management zu halten?

Weil er Schlagzeilen garantiert. Das reicht. Klar: Um den Dingen auf den Grund zu gehen, muss man theoretisch auch den Teufel interviewen, auch den Vergewaltiger und den Pädophilen. Die Frage ist nicht, ob man einem Verbrecher das Mikro hinhalten darf. Die Frage ist, ob man ihn kritisch genug befragt. Dass eine Universität aber Schettino einen Vortrag halten lässt, ist schändlich, auch wenn es im Rahmen eines Masterlehrgangs oder eines Seminars für Experten geschieht. Selbst dann kann man nicht behaupten, Schettino gehöre nun zum universitären Lehrstoff oder sei zum Gegenstand akademischer Kultpflege avanciert.

Fallen dir noch mehr solche zweifelhaften italienischen Eigenheiten ein?

Ja, ich denke da an eine, die aber gewiss nicht speziell italienisch, sondern in allen Ländern anzutreffen ist, die in einer so verheerenden Wirtschaftskrise wie wir stecken. Ich meine die Unmöglichkeit, aus eigener Kraft Karriere zu machen. Um hier in Italien Arbeit zu finden, zählt nicht, was einer kann, sondern, wie viel Gift er schlucken kann, ohne draufzugehen, wie gut er es aushält, missbraucht zu werden, und wie gelehrig und fügsam er ist. Als ich anfing, für die Zeitung *la Repubblica* zu schreiben, war ich noch sehr jung, niemand hat mir irgendetwas zugetraut. Und ich wurde von allen herzlich gehasst ...

... wegen deiner Artikel in den großen Zeitungen, deiner Fernsehauftritte, der Filmserien ...

... weil es in einem Land, in dem nicht die Leistung zählt, absurd erscheint, wenn einer, der noch keine 30 Jahre alt ist, schon solchen Erfolg hat. Ich weiß nicht, ob man diese Art von Arbeit auch machen kann, ohne persönlich aufzufallen, ob man dabei in Deckung bleiben kann. Wahrscheinlich geht das gar nicht, und deshalb zögere ich, den jungen Leuten zu raten, sie sollen sich wegducken. Das wäre so, als würde ich sagen: Schaut her, mir ist das schlecht bekommen, macht es nicht so wie ich. Und doch hatte ich als junger Mensch den Ehrgeiz, die Welt zu ändern. Wie könnte ich da heute einem 20-Jährigen in die Augen blicken und sagen: »Schlag dir das aus dem Kopf, du wirst die Welt nicht ändern«? Außerdem: Ich kann so etwas gar nicht sagen, weil ich die Welt immer noch ändern will. In den USA wird inzwischen viel über Visibility nachgedacht. Ohne Anonymität ist heute kein Aufstand, kein Widerstand, keine Veränderung mehr möglich. Das ist das Interessante an der Philosophie, die hinter Anonymous steht, dieser Bewegung von Hacker-Aktivisten, die bei öffentlichen Auftritten oft die berühmten Guy-Fawkes-Masken tragen und ihre Klarnamen für sich behalten. Wenn dein Gesicht der Öffentlichkeit bekannt ist, werden sie immer einen Weg finden, um dich entweder zu zerstören oder dich zu kaufen.

Das ist die Überlegung, die wohl auch den Street-Art-Künstler Banksy dazu treibt, anonym zu bleiben.

Aber wenn alle anonym bleiben, besteht dann nicht die Gefahr, dass keiner mehr Verantwortung übernimmt?

Doch, das kann passieren. Deshalb bin ich auch dafür, dass man Gesicht zeigt. Es gibt heutzutage aber zwei Arten, Gesicht zu zeigen ...

... und die wären?

Entweder du erscheinst als jemand, der absolut keine Moral und keine Skrupel kennt - in diesem Fall wird man dir alles verzeihen: Steuerflucht, sexuelle Übergriffe, Drogenkonsum. Oder du setzt dich dafür ein, dass sich etwas ändert in dieser Welt - dann wird dir auch der kleinste Fehler übelgenommen.

Kurzum, du musst entweder ein Teufel sein oder ein Heiliger.

So kann man das sagen. Und da keiner ein Heiliger sein kann, haben die Teufel die Oberhand. Churchill wäre heute unten durch, weil er manchmal betrunken zu politischen Treffen kam. Auch Kennedy wäre am Ende, weil er so viele Geliebte hatte. Keine überregionale Zeitung hätte Pasolini gedruckt, weil der Verdacht bestand, er treibe es mit Minderjährigen.

Pier Paolo Pasolini ist aber bis heute einer der unangefochtenen Intellektuellen.

Weil er als Märtyrer gestorben ist! Das ist ein entscheidender Punkt. Wenn man tot ist, kommt man niemandem mehr in die Quere.

»Mussolini ist ein Inbild der italienischen Wesensart«

Über geläuterte Rechte, linke Nostalgien und das Drama einer Generation

Warum hört man so gut wie gar nichts mehr von den italienischen Intellektuellen?

Weil das Berlusconi-Regime gefallen ist. Solange er an der Macht war, hielten sie zusammen. Jetzt ist wieder jeder gegen jeden.

Auch schon während der Berlusconi-Jahre waren sie nicht mehr so wirkungsvoll – wenn man bedenkt, welches Gewicht die italienischen Intellektuellen in den Fünfziger-, Sechziger- und Siebzigerjahren hatten. Sie setzten weltweit Maßstäbe, egal ob im Film, in der Literatur oder in der neuen Musik. Inzwischen fallen einem neben deinem Namen nur noch wenige bekannte ein: Andrea Camilleri, Paolo Sorrentino, Elena Ferrante, vielleicht noch Alessandro Baricco.

Meiner Ansicht nach ist das ein weltweit zu beobachtendes Phänomen. Auf der ganzen Welt erwartet man heute von den Schriftstellern, dass sie sich strikt aufs Literarische, wenn nicht gar auf bloße Unterhaltung beschränken, dadurch entfernen sie sich immer mehr von der Realität. In Italien unter Berlusconi spielten sie noch eine Rolle: Antonio Tabucchi, Camilleri, auch Umberto Eco oder Nanni Moretti, der Regisseur. Doch inzwischen ist das Regime gefallen, das ist wie in der Sowjetunion. Als die Sowjetunion zusammengebrochen ist, hat man von den bis dahin gefeierten russischen Intellektuellen auch nichts mehr gehört.

Eine italienische Schriftstellerin, die im Moment auf der ganzen Welt Erfolg hat, ist Elena Ferrante. Der Name ist ein Pseudonym. Ihr Bestseller Die geniale Freundin *wie auch die drei Folgebände spielen in Neapel. Schätzt du sie?*

Über die Identität von Elena Ferrante gab es in der Presse viele Vermutungen, die teils recht plausibel waren. Am Ende kam heraus, wer sie ist. Ich habe mich aber gefragt, ob das wirklich so wichtig ist. Diese Frage führt uns auch gleich dazu, über ihren Erfolg in New York nachzudenken: Es gibt in Italien verschiedene Schriftstellerinnen, die, wie Ferrante, gute literarische Arbeit abliefern. Die Popularität Ferrantes im Ausland und insbesondere in New York ist vor allem dem Geheimnis zu verdanken, das um ihre Identität gemacht wurde. In den USA wurden die Schriftsteller, die sich »versteckten«, immer entdeckt, ihre Identität kam am Ende immer heraus. Die Vorstellung, dass es in einer Welt, in der sogar die E-Mails der CIA an die Öffentlichkeit gelangen, eine Schriftstellerin geben könnte, die sich vor dem Publikum versteckt, war der Hauptgrund dafür, dass ihre Auflagenzahlen so in die Höhe schnellten. Der amerikanische Markt ist der provinziellste, dumpfeste und unpolitischste, der mir je begegnet ist. Im Fall der Ferrante hat auch ihre amerikanische Übersetzerin, Ann Goldstein, viel zu ihrem schnellen Bekanntwerden beigetragen, sie gehört zum Redaktionsteam des *New Yorker*. Ohne all das wäre die Ferrante vielleicht auf mehr Skepsis gestoßen. Was mich als Italiener aber stolz macht, ist, dass es ein italienisches Verlagshaus war, das sie in den USA so groß herausgebracht hat: Der Verlag *Europa Editions*, ein Ableger des italienischen Verlags *Edizioni E/O*, bringt in New York internationale Literatur in englischer Sprache heraus. Er hat sich sehr für Elena Ferrante ins Zeug gelegt. Es war ein Wagnis, und es hat sich ausgezahlt.

Hat den italienischen Links-Intellektuellen auch die Tatsache geschadet, dass ihr Image durch späte Enthüllungen Kratzer abbekommen hat? Bevor der Schriftsteller Alberto Moravia Kommunist wurde, hat er zum Beispiel schmeichelnde Briefe an den Duce geschrieben.

Ja, aber es ist doch legitim, seine Meinung zu ändern. Auch Norberto Bobbio, ein antifaschistischer Intellektueller, hat mit 18 Jahren einen Brief an den Duce geschrieben. An den Prägungen, die man in der Kindheit erfährt, ist man ja nicht schuld. Das Problem kennt ihr in Deutschland doch auch: zum Beispiel der Fall Günter Grass, der erst im Alter zugegeben hat, bei der SS gewesen zu sein. Ich sage das nicht, um ihn wegen seines Geständnisses zu kritisieren: Mir gefallen Intellektuelle mit Widersprüchlichkeiten.

Man hat aber den Eindruck, dass Sympathien für den Faschismus in Italien viel leichter verziehen werden als in Deutschland jegliche Berührung mit dem Nationalsozialismus. Bei uns wird manches übertrieben, zum Beispiel, wenn man Günter Grass vorhält, mit 17 Jahren in der Waffen-SS gewesen zu sein. Was man ihm aber vorwerfen kann, ist, dass er so lange gebraucht hat, sich daran zu erinnern, und in der Zwischenzeit anderen Zeitgenossen Erinnerungslücken vorgeworfen hat. Aber bei euch in Italien kann man sich bisweilen doch erstaunlich leicht vom Faschismus reinwaschen.

Bei der SS gewesen zu sein, bedeutete, sich dafür entschieden zu haben, das war etwas anderes, als in die Wehrmacht eingezogen zu werden ... Aber das ist nicht der Punkt. In Italien gab es einen bewaffneten Widerstand, einen Freiheitskampf, deshalb gab es nie so etwas wie das Gefühl einer Kollektivschuld.

Größere bewaffnete Partisanengruppen entstanden aber erst Ende 1943, als es bereits einen Waffenstillstand zwischen Italien und den Alliierten gab. David Gilmour schreibt, damals waren es nicht mehr als 9.000 Kämpfer. Ein Jahr später waren es 80.000 Mann, und im März 1945, als schon klar war, dass die Sache gut ausgehen würde, waren es 100.000 Partisanen. Kann man das einen Volksaufstand nennen?

Die Dinge liegen nicht so einfach. Viele Leute haben dabei ihr Leben gelassen. Und unter dem Strich erlaubt uns die Tatsache des Widerstandes – den die kommunistische Partei unter allen Umständen für sich verbuchen wollte, auch wenn Anarchisten, Katholiken, Sozialisten und andere ebenso daran beteiligt waren –, den Faschismus nicht als italienische Kollektivschuld zu sehen, sondern als eine Schuld, die eben nicht alle Italiener trifft. Die Deutschen hingegen empfinden den Nationalsozialismus als Schuld, ungeachtet der Tatsache, dass es natürlich auch deutsche Nazigegner gab. Was Mussolini betrifft, der so etwas wie ein Inbild der italienischen Wesensart ist, so scheint hier die Meinung zu gelten, es sei zwar ein Fehler gewesen, sich mit den Deutschen einzulassen, doch alles, was vor den Rassengesetzen und der Kriegsbeteiligung geschehen ist, könne man ihm nachsehen. Die Geschichte wird umgeschrieben, um möglichst alle zu retten, Mussolini und die, die ihn unterstützt haben.

Mussolini als Inbild italienischer Wesensart? Aber warfen ihm die Italiener nicht einmal vor, dass er alle verfolgen oder umbringen ließ, die politischen Widerstand leisteten?

Doch, seit dem Mord an Giacomo Matteotti (*einem sozialistischen Politiker*), das war eine Zäsur. Matteotti wurde vor seiner Haustür entführt und am 10. Juni 1924 ermordet. Er hatte in einer Rede vor der Abgeordnetenkammer die Übergriffe angeprangert, die die Faschisten während der Wahlen begangen hatten. Ich suche sie dir gleich raus ... Die Rede endete mit den Worten: »Wir verteidigen die freie Souveränität des italienischen Volkes, dem wir unsere Hochachtung aussprechen, und wir meinen, es seiner Würde schuldig zu sein, diese durch die Ausübung von Gewalt wertlos gewordenen Wahlen abzulehnen und an die Wahlkommission zurückzuverweisen.« Die Aktentasche, in der er die Beweise für diese Beschuldigungen aufhob, wurde nie gefunden. Trotzdem meinen heute viele, Mussolini sei gar nicht so schlimm gewesen, vor allem, wenn man seine Untaten mit denen der Nazis und denen der Sowjets vergleicht. Seine Judendeportationen, seine Jagd auf politisch Andersdenkende, seine Kriege in Afrika und Russland mit Tausenden und Abertausenden toten italienischen Soldaten geraten in den Hintergrund.

Und die Kolonialkriege?

Die Kolonialkriege sind eine schwere Schuld, man muss sich nur den Gaseinsatz in Äthiopien vor Augen halten, zum Beispiel. Die Deutschen haben eine sehr gesunde Art, mit der Schuld umzugehen, sie zeigen nicht mit dem Finger auf die Sowjetunion und behaupten, auch diese habe ihr Volk terrorisiert. Sie sind in der Lage, die Geschehnisse nach Ursache und Wirkung einzuordnen.

Weil jede andere Sichtweise völlig verfehlt wäre! Im sogenannten Historikerstreit von 1986 hat der in Italien durchaus verehrte Ernst Nolte den Standpunkt vertreten, man müsse den Holocaust auch vor dem Hintergrund von Stalins Verbrechen verstehen - sogar als eine Art Reaktion darauf. DIE ZEIT, *aber auch andere Medien haben sich vehement gegen diese Relativierung der Shoah gestellt.*

Eine Zeit lang war der Faschismus in Italien vollkommen tabu. Erst die Arbeiten von Renzo de Felice setzten ein neues, nicht mehr bloß ideologisches Nachdenken über Mussolini in Gang.

Aber dieser Historiker warf keinen besonders strengen Blick auf Mussolini ...

Der Faschismus ist in Italien wieder so salonfähig geworden, dass es politische Gruppen gibt, die sich offen »neofaschistisch« nennen - und einige Leute verhehlen nicht, wie sie das freut - so zum Beispiel das sogenannte Kulturzentrum Casa Pound oder die rechtsextreme Partei Forza Nuova und noch weitere solche Gruppierungen. Sie bekommen nicht viele Stimmen, aber in manchen städtischen Vierteln sind sie sehr präsent. Allerdings gab es innerhalb der Rechten teilweise heftige Debatten, sodass sich der Faschismus leider auch als geläuterte Ideologie präsentieren kann. Das lässt sich über den Kommunismus nicht behaupten.

Aber ich bitte dich! Es hat das Schwarzbuch des Kommunismus *des französischen Historikers Stéphane Courtois gegeben, und, ebenfalls in Frankreich, die Kommunismus-Kritik von André Glucksmann oder Daniel Cohn-Bendit. Der* Archipel Gulag *von Solschenizyn ist gerade von der französischen Linken viel gelesen und gewürdigt wurden.*

Aber nicht in Italien! Seit 30 Jahren wird hier im rechten Lager viel über den Faschismus diskutiert, aber noch nie ist es zwischen Kommunisten, Neokommunisten und Exkommunisten zu einer Diskussion gekommen, die damit vergleichbar wäre. Die italienischen Kommunisten haben sich nie verantwortlich gefühlt für das, was in Osteuropa oder in Kuba oder in den sozialistischen Republiken Afrikas oder in Vietnam passiert ist. Sie huldigten Castro, der in 60 Jahren kein einziges Mal freie Wahlen ausrief. Sie rechtfertigen sich mit dem Satz »Aber die Situation dort ist anders ...«. Sicher, die Situationen sind immer andere, aber entweder gibt es freie Wahlen, oder es gibt sie nicht.

Der italienische Kommunismus war aber wirklich anders ...

Na ja, man kann sagen, die Emilia Romagna, die Toskana oder Umbrien wurden von den Kommunisten gut verwaltet. Das ändert aber nichts daran, dass die kommunistische Ideologie in ihrer extremen Form die kulturelle Auseinandersetzung kompromittiert und uns so daran gehindert hat, unsere Fehler zu korrigieren und echte Reformen in die Wege zu leiten, wie das in Deutschland und Frankreich geschehen ist. Durch die italienische Linke geht der tiefe Riss zwischen Kommunisten und Sozialisten, zwei einst reformwillige Seelen, die sich in den vergangenen Jahrzehnten nur noch gegenseitig zerfleischt haben.

In Italien ist der Neofaschismus teilweise geläutert, lieber Roberto? Wo denn? Silvio Berlusconi, der nun wirklich kein Faschist ist, hat als Ministerpräsident gesagt, Mussolini habe niemanden umgebracht. Der spätere Außenminister Gianfranco Fini nannte ihn einmal »den größten Staatsmann des Jahrhunderts«, ehe er sich von den Neofaschisten distanzierte. Und nicht nur das, in der Region Emilia Romagna, aus der Mussolini stammt, gab es vor Kurzem noch Weine mit sei-

nem Konterfei auf dem Etikett und Souvenirs, als sei er ein leider zu früh verstorbener Komiker gewesen: Das ist Faschismus als Folklore!

Ich verstehe ja, dass du dich über Mussolini-Souvenirs aufregst, aber schau dir mal den hilflosen Umgang der Linken mit ihren Idealen und Symbolen an. Sie bewundert Castro, sie fand Chávez toll, sie hegt Sympathien für Putin, für den Iran, für alles, was antiamerikanisch ist. Der Punkt aber ist: Die Tatsache, dass Saddam oder Gaddafi antiamerikanisch waren, reicht nicht aus, um sie zu verherrlichen. Es gibt in Italien sogar Leute, die für Assad sind. Das rührt alles daher, dass man hier keine Ahnung davon hat, was im Osten passiert ist. Es ist nur irgendwie hängen geblieben, dass die Sowjets die Nazis besiegt haben und dass der Kapitalismus jedenfalls schlimmer ist als das, was die Sowjetunion verbrochen hat.

Immer noch?

Für die Radikaleren ist das so, ja. Die jungen Leute schreiben mir laufend solche Sachen.

Ich erinnere mich noch gut an die Kommunisten der Siebzigerjahre, da warst du noch gar nicht auf der Welt und ich war noch sehr jung. Aber was war das für ein Jahrzehnt! Ja, es gab diese Orgie der Gewalt, auf den Straßen, mit terroristischen Anschlägen. Es gab den angreifbaren Salonkommunismus wohlhabender Intellek-

tueller. Aber es gab eben auch eine mitreißende Aufbruchsstimmung und viele hochanständige Genossen, die sich gegen die Mafia stellten, gegen die Ausbeutung, gegen die okkulten Netzwerke von rechts, die Italien so gebeutelt hatten. Ich kannte Kommunisten, die auf mich den Eindruck machten, als würden sie sich eher foltern lassen, als jemanden übers Ohr zu hauen. Und es gab den charismatischen Enrico Berlinguer, der den historischen Bruch mit dem Marxismus-Leninismus sowjetischer Prägung zumindest probte, der die agitatorische Rhetorik kritisierte und sonntags seine Frau von der Kirche abholte. Was du beschreibst, existiert, aber es verleugnet zugleich eine andere Realität.

Ja, es gab die gut verwalteten Musterregionen. Aber die kommunistische Partei hätte den Mut aufbringen müssen, sich vom sowjetischen, kubanischen und afrikanischen Kommunismus zu distanzieren. Immerhin sind am Ende die Roten Brigaden von der Kommunistischen Partei (PCI) zerstört worden. Das war auch das Beste, was die Kommunisten machen konnten.

Irgendwann haben die meisten Kommunisten in Italien aufgehört, Linksterroristen verharmlosend als Genossen zu bezeichnen, »die sich irren«, sondern haben angefangen, sie als Verbrecher zu bekämpfen.

Ja, das ist ein großes Verdienst des PCI. Doch eine Debatte über die eigene Finanzierung durch die Sowjets hat innerhalb der kommunistischen Partei nie stattgefunden. Das eigentliche Problem ist, dass der Korruptionsskandal Tangentopoli zwar die Democrazia Cristiana, den PSI (*die sozialistische Partei*), den PSDI (*die sozialdemokratische Partei)* und den PLI (*die liberale Partei*) zerstört hat, nicht aber die Kommunisten.

Aber der Partito Comunista ist doch auch verschwunden!

Aber nicht durch Tangentopoli, sondern durch den Mauerfall. Berlusconi hat an seine Wähler das *Schwarzbuch des Kommunismus* verteilt. Es war ein Riesenfehler, die Auseinandersetzung mit diesem Thema den Rechten zu überlassen.

Wie es aussieht, hat es jedenfalls in Italien nie »eine Mehrheit links der Mitte« gegeben, um das auf Deutschland gemünzte Wort von Willy Brandt zu benutzen. Die Linke war also nie so stark, wie sie von ihren Gegnern gemacht wurde. Selbst nach dem Fall der Mauer hat Berlusconi den Leuten immer wieder mit dem Gespenst des Kommunismus Angst gemacht.

Und das hat funktioniert, weil sich die echten Linken in Italien dem Kommunismus immer noch verbunden fühlten. In Italien ist der Begriff »kommunistisch« noch immer positiv besetzt. Als ich eine durch Warlam Schalamows Buch inspirierte Erzählung über den Gulag und über kommunistische Erschießungskommandos geschrieben habe, bekam ich Hunderte Zuschriften, in denen stand: »Sprich nicht von Kommunisten, das waren Sowjets!« Alle haben sich hinter der Parole verschanzt, der Kommunismus sei »eine gute Idee gewesen, aber schlecht umgesetzt«. Es war überhaupt keine gute Idee. Eine Idee, die sich als Glaubenswahrheit präsentiert, mit einer Reihe von Postulaten, die man zu akzeptieren hat, und damit basta, kann keine gute Idee sein. Schon gar nicht, nachdem sie an der realen Umsetzung gescheitert ist.

Bist du auch der Ansicht, dass der Kommunismus in Italien eine Art zweite Kirche war, neben der katholischen?

Zweifellos. Eine zweite Kirche, die angesichts des Niedergangs Italiens während der Berlusconi-Zeit noch größere nostalgische Attraktivität gewonnen hat: der Staat im Staat, die Partei der Künstler und Intellektuellen, eine starke, identitäts- und kulturstiftende Partei.

Im Sinne der kulturellen Hegemonie, die der von den Faschisten verfolgte Antonio Gramsci anstrebte?

Ja. Hinzu kommt, dass die kommunistische Partei mit ihrer gut funktionierenden Gemeindepolitik, in den Schulen, den Kindergärten, im Gesundheitswesen, auch moralische Maßstäbe setzte. Die Leute denken mit Bedauern an diese verklärte Welt zurück, in der diejenigen, die sich eine Jacht oder eine schöne Wohnung kaufen konnten oder sich Ferienhäuser leisteten, schief angesehen wurden. Interessant, nicht wahr? Und weil dies in Italien noch immer das strahlende Bild des Kommunismus ist, ist es für die Linken wahnsinnig schwer, sich mit liberalen Gedanken anzufreunden.

Du bist der erste Italiener, der mir so etwas sagt. Ich dachte immer, der Kommunismus sei auf dem Rückmarsch und die verschiedenen Neugründungen der Partei alle erfolglos.

Nur scheinbar ist das so. Um das zu begreifen, muss man sich an Leute halten, die die Fähigkeit haben, der Sache auf den Grund zu gehen, oder die sie tatsächlich miterlebt haben - nicht mit dem Durchschnittsbürger, für den es egal ist, ob man über Faschismus oder über Kommunismus redet, der vielleicht, wenn's hochkommt, einmal etwas in der Schule davon gehört hat. Die heutigen jungen linken Aktivisten verachten den Kommunismus ganz und gar nicht. Bei ihnen wird das Gleiche passieren wie in Griechenland oder Spanien, auch sie werden zu dem Schluss kommen: Die Idee war super, sie ist nur falsch umgesetzt worden.

Aber die Idee des Kommunismus ist in Italien nun mal ohne größeren Einfluss, ohne Auswirkungen. Wenn es heute noch eine erfolgreiche Ideologie, ja eine Parareligion gibt, dann ist es die des Konsumismus.

Das gilt aber für die ganze Welt: die endlosen Warteschlangen für die Smartphones, die Wochenenden in den Shoppingmalls. Zum Kapitalismus gibt es keine Alternative mehr. Das ist das Drama unserer verlorenen Generation. Die vorige Generation hat fälschlicherweise geglaubt, der Kommunismus könne eine Alternative sein: Sie dachten, wir sind immerhin in der Lage, uns eine bessere Welt vorzustellen.

Du meinst, eine Welt, die sich einschränkt? In der die Menschen durch Selbstbescheidung das eigene Überleben organisieren und die Welt ein wenig gerechter machen können?

Ja.

Sind denn die Menschen so weise?

Ich fürchte, nein. Der Widerspruch zwischen Recht und Möglichkeit setzt die westliche Welt in Brand. Jeder hat das Recht, sich in den Hauptstädten der Welt eine Villa zu kaufen, aber kaum jemand kann es sich leisten. Es werden immer mehr Stimmen laut, die sagen: Nehmt uns dieses Recht, dann hat das Ganze wenigstens Sinn! Weg mit diesen Scheinrechten! Es gibt das Wahlrecht, aber selbst das wird vielerorts als Farce empfunden. Es gewinnt, wer die meisten Stimmen gekauft hat. Basta. Und wer die meisten Stimmen kauft, hat nicht nur mit der Mafia gekungelt, sondern auch mit den Banken, mit den Unternehmen und den Medien. Die These, die David Van Reybrouck in seinem Buch *Gegen Wahlen* aufgestellt hat, gefällt mir sehr. Er sagt, man müsse die Wahl abschaffen und zur griechischen Polis zurückkehren: Die politischen Ämter werden per Los vergeben, und dann wird im Schichtwechsel regiert.

Das würde uns in Italien gerade noch fehlen! Es klingt ebenso verzweifelt wie zynisch.

Es gibt einen Punkt, an dem man wirklich am Schicksal eines Landes verzweifeln möchte.

Entschuldige, Roberto, aber die Klagen über den Niedergang Italiens kenne ich, solange ich denken kann. In den Siebzigerjahren schrieb zum Beispiel Oriana Fallaci, die damals schon die berühmteste Journalistin der Welt war und die meiste Zeit des Jahres – so wie du heute – in New York lebte: »Durch meine Arbeit bin ich oft fern meiner Heimat, und jedes Mal, wenn ich wieder in Italien bin, stelle ich fest, dass alles schlimmer geworden ist. Moralisch, materiell. So, als würde man jemandem dabei zusehen, wie er eine abschüssige Straße hinunterrollt.« Aber das Land gibt es immer noch!

Was hätte es denn sonst tun sollen, von der Bildfläche verschwinden? (*lacht*) In einem physischen Sinn existiert es noch immer, wenn wir damit den Stiefel auf der Landkarte meinen. Aber es geht ihm nicht gut.

Aber jeder, der ins Land kommt, staunt erst mal: Die Restaurants sind voll, die Leute sind gut angezogen, man flaniert, man macht bella figura. Und die allermeisten wirken auch noch ziemlich gut gelaunt. Wenn Kollegen von mir in die Maremma fahren (Küstenregion im Südwesten der Toskana), *die ich gut kenne und liebe, staunen sie über die Preise, die sie kaum bezahlen können.*

Auch als Griechenland unterging, waren die Restaurants voll. Und warum? Aus demselben Grund: Es hat keinen Sinn, zu sparen und etwas für die Aussteuer zur Seite zu legen. Nimm, was du hast, setz dich auf deinen Roller und geh was Gutes essen. Genieß wenigstens das bisschen, das dir geblieben ist.

Die Italiener waren einmal die fleißigsten Sparer Europas.

Das war einmal. Sparen ist für die Katz. Der Reichtum, den es gibt, sieht meist protzig aus und nährt sich von Renditen. Das ist das Übel des modernen Kapitalismus.

Wie in anderen Ländern auch!

Die Italiener reagieren aber, indem sie schon wieder scharenweise ihr Land verlassen. Lautlos und stetig. Es heißt immer, es seien die besten Köpfe, die abwandern, aber ich sehe alles andere auch abwandern: Arme, Beine, Köpfe.

Die ausgewanderten Italiener scheinen sich in ihrer jeweiligen neuen Heimat wohlzufühlen. Fast alle gründen eine Familie und wollen bleiben.

Indro Montanelli (*italienischer konservativer Intellektueller und streitbarer Publizist, 1909–2001*) hatte recht, auch wenn ich sonst nur selten seiner Meinung bin: »Die Zukunft Italiens ist dahin, aber für die Italiener sehe ich eine glänzende voraus.« Er wollte damit sagen: Wenn die Italiener es aufgeben, im eigenen Land glücklich werden zu wollen, können sie ein sehr schönes Leben führen.

»Italien vergisst alles«

Über korrupte Politiker, vermeintliche Verschrotter und ein Volk, das sich immer wieder neu verliebt

Es gibt da noch etwas, das außerhalb Italiens niemand versteht: 64 Regierungen seit 1946!

Das ist wie in der Serie *Game of Thrones*: Man setzt einen Herrscher nicht ein, um ihn regieren zu lassen, sondern um ihn zu erdolchen.

Aber es waren doch jahrzehntelang immer wieder dieselben Leute, quicklebendig, nur eben in wechselnden Regierungen.

In Wahrheit regieren andere Mächte, die Industrie, die Medien, die Richter – und manchmal eben auch die Mafia.

Das klingt für mich wie eine Verschwörungstheorie. Der sogenannte Dietrismo, also der Verdacht, dass das Offensichtliche nicht der Realität entspricht, weil immer irgendjemand dahintersteckt, der alles steuert, ist eine italienische Krankheit, von der manchmal das ganze Land befallen zu sein scheint.

Na ja, *House of Cards* ist keine italienische Serie, und ich habe nicht von den Freimaurern gesprochen. Dass die Wirtschaft die Regeln vorgibt, ist kein Gerücht und auch keine große Weisheit. Und außerdem ist es in Italien tatsächlich so, dass die Dinge oft nicht so sind, wie sie aussehen. Ich kann dir das vielleicht erklären am Beispiel von Berlusconi und von Giulio Andreotti ...

... der sieben Mal Ministerpräsident war.

Andreotti war tatsächlich angeklagt, Mitglied einer mafiösen Vereinigung gewesen zu sein. Aber seine Beziehungen zum Verbrechen sind hochkomplex. Einem Nicht-Italiener wird das alles unglaublich erscheinen, es entspricht auch nur zum Teil den üblichen Klischees. Andreotti war politisch »verbunden« mit einigen Mafia-Familien Siziliens und auch Kalabriens. Später wurden ihm vor Gericht zwar Verbindungen zur Cosa Nostra nachgewiesen (zumindest bis zum Jahr 1980), aber weil die Vorwürfe verjährt waren, wurde er freigesprochen. Salvo Lima, »sein Mann« in Palermo, wurde umgebracht. Er hatte offenbar nicht alles so gemacht, wie man es von ihm erwartet hatte. Das ist auch ein interessanter Punkt. Es gibt Politiker und Geschäftsleute, die waren eben beides: erst Profiteure, dann Opfer der Mafia.

Auch Marcello Dell'Utri, der ehemalige Manager Berlusconis und dann Senator für dessen Partei, ist solch ein Name, den in Italien jeder kennt. Es hat sehr lange gedauert, aber inzwischen verbüßt er eine Haftstrafe wegen seiner Verbindungen zur Mafia. Kannst du mir erklären, was genau er gemacht hat?

Das ist ganz einfach: Er ist wegen externer Beteiligung an einer mafiösen Vereinigung zu sieben Jahren Haft verurteilt worden. Er galt dem Gericht als Vermittler und Gewährsmann des Abkommens zwischen Berlusconi und der Cosa Nostra.

Ist Berlusconis großes Bauprojekt Milano Due - ein zumindest Ende der Siebzigerjahre sehr gediegenes und zukunftsweisendes Viertel, das ich gut kenne, weil meine Mutter dort ein paar Jahre wohnte - also mit Mafia-Geld gebaut worden? Ich erinnere mich, dass ich auf dem Weg zur Reinigung immer an dem damals noch recht kleinen Firmensitz von Berlusconis TV-Unternehmen vorbeigelaufen bin.

Dass Milano Due mit Mafia-Geld erbaut worden ist, wird von einigen Kronzeugen bestätigt. Sie meinen, dass ein Mann namens Vittorio Mangano in den Siebzigerjahren das Mafia-Geld von Palermo nach Mailand brachte und es an Dell'Utri weitergab, der es an Berlusconi überwies, damit der es in seine Unternehmen investiere: Dazu gehörte dann auch jenes Unternehmen, das für die Erbauung von Milano Due zuständig war. Aber die Sache ist, glaube ich, sogar noch etwas komplizierter, und zwar wegen der Banken, die nach und nach Teilhaber der von Berlusconi geleiteten Unternehmen wurden und sie finanzierten. Darunter befand sich eine kleine Mailänder Bank, in der Berlusconis Vater viele Jahre lang gearbeitet hatte und die offenbar bei der Mafia besonders beliebt war. Zu den Hauptkunden dieser Bank gehörten Pippo Calò, Totò Riina und Bernardo Provenzano. Michele Sindona (*sizilianischer Rechtsanwalt und Spekulant, der wegen Anstiftung zum Mord verurteilt wurde und später im Gefängnis an einem vergifteten Kaffee starb*) sagte in einem Interview mit dem New Yorker Journalisten Nick Tosches, dies sei die Bank, die die Mafia besonders gerne zur Geldwäsche von schmutzigem Geld aus Norditalien benutze.

Auch die Geschichte von Vittorio Mangano hat etwas Unglaubliches. Es ist bekannt, dass er so etwas wie Berlusconis Faktotum war. Dieser Mafioso wurde von Dell'Utri extra in Berlusconis Villa Arcore eingeschleust, offenbar, um Verbindung zur Cosa Nostra zu halten. Und obwohl er später wegen zweifachen Mordes verurteilt wurde, sagte Berlusconi über Mangano, er habe seine Kinder damals jeden Morgen zum Kindergarten gebracht und sich vorbildlich verhalten.

Dazu muss man wissen, dass Berlusconi in dieser Zeit wohl auch Angst hatte, dass seine Kinder entführt werden könnten. Mit so einem Individuum im Haus konnte er sich natürlich sicherer fühlen. Die Geschichte Manganos ist hochinteressant, weil sie zeigt, wie die Cosa Nostra in Menschen und Ideen investiert. Sie erkannte schon früh Berlusconis großes unternehmerisches Potenzial. Er stand weder den Kommunisten noch den Christdemokraten nahe. Berlusconi hatte eher Sympathien für die sich unter Craxi dramatisch wandelnde Sozialistische Partei, die auf unheilvolle Weise nach der Macht griff und alle Opportunisten und Geschäftemacher Italiens anzog, die bis dahin den Intrigen der Christdemokraten und Kommunisten nur vom Rande her zugesehen hatten.

Wie ist es möglich, dass ein Mann wie Dell'Utri, gegen den schon früh Ermittlungen liefen, der in erster Instanz zu neun Jahren Haft verurteilt wurde, noch jahrelang als Senator im Parlament sitzen konnte?

Unter Berlusconi kam man zu der Ansicht, dass ein Politiker sich durchaus über das Gesetz hinwegsetzen kann, wenn er sich als Mann der Tat ausweist - oder besser: ausgibt. Dann gehört ein gewisses Quantum an Korruption eben dazu.

Auch das klingt sehr zynisch!

So ist es aber.

Jetzt muss ich einen berühmten, vielleicht auch schon ausgeleierten Satz aus meinem Lieblingsbuch zitieren, aus Der Leopard *von Giuseppe Tomasi di Lampedusa. Da sagt Tancredi zu seinem Onkel, dem großen Fürsten Salina: »Wenn wir wollen, dass alles so bleibt, wie es ist, dann ist es nötig, dass sich alles verändert.« Sieht man von Matteo Renzis Partito Democratico und von einigen kaum noch einflussreichen Gruppierungen der Mitte ab, sind in Italien heute nur Parteien erfolgreich, die massiv das Establishment und das System angreifen - allen voran Beppe Grillos Bewegung Movimento 5 Stelle und die Lega Nord. Selbst Renzi ist angetreten, die alte Kaste zu »verschrotten«. Könnte sich diesmal also wirklich etwas ändern, wenn auch nicht zwingend zum Guten?*

Dieses berühmte Zitat aus Tomasi di Lampedusas Buch ist einer der weisesten Sätze, die man über die italienische Politik sagen kann: alles ändern, damit nichts sich ändert. So gesehen - es tut mir leid, das sagen zu müssen - sind die Cinque-Stelle-Bewegung und der Partito Democratico von Renzi sich sehr ähnlich: Beide versuchen vergeblich, in der Politik gleichzeitig eine Verschrottung und eine Erneuerung hinzukriegen. Vergeblich sind ihre Versuche, weil beide unfähig sind und es ihnen am richtigen Willen mangelt. Für wie unterschiedlich sie sich auch halten mögen, die Cinque Stelle und Renzis Partito Democratico sind doch nur zwei Seiten derselben Medaille: Bei beiden kann man sehen, wie der Versuch, etwas zu verändern, an der Wirklichkeit zerschellt. Die Stärke des Partito Democratico, die in einer gewissen überheblichen Selbstdarstellung lag, wurde am 4. Dezember 2016 durch das verlorene Verfassungsreferendum pulverisiert. *(60 Prozent der Wähler stimmten gegen Renzis Vorschlag für eine Reform, die unter anderem ein neues Wahlrecht einführen und die Macht des Senats einschränken sollte.)* Die Stärke des Movimento 5 Stelle besteht darin, dass sie nicht regieren will. Für diese Bewegung ist es sogar von Vorteil, wenn sie bei den Kommunalwahlen verliert, denn die Arbeit in den Verwaltungen würde ihre Glaubwürdigkeit auf nationaler Ebene schmälern. Gar keine Administration ist besser als eine schlechte Administration, der es an Geld fehlt und die nur Unzufriedenheit schafft. Und gar keine Administration ist besser als eine im Stil des Consociativismo (*auf Deutsch: Filz*) oder, banaler gesagt, der Kompromisse.

Hat es auch etwas Gutes, wenn mit dem alten Politikstil in Italien gebrochen wird?

Theoretisch ist es gut, wenn es denn zu einer echten Verbesserung beitragen würde. Aber wir sehen ja, dass die Cinque-Stelle-Bewegung auch nicht anders funktioniert als die übrigen Parteien. Fraktionsbildung, schlechtes Management und übertriebener Gerechtigkeitsfimmel. Mit den Fingern auf die anderen zeigen, ist immer gefährlich, denn dann muss man beweisen, dass man es selber besser macht. Man kann den Finger schon erheben, doch dann sollte man imstande sein, in den Regionen und den hochkomplexen Städten eine anständige Lokalpolitik zuwege zu bringen, sonst verliert man seine Glaubwürdigkeit.

Wer ist deiner Meinung nach dieser Beppe Grillo, der zumindest am Anfang in Deutschland einen guten Ruf genoss, weil er schon in den Achtzigerjahren die Korruption in der Politik an den Pranger stellte, der aus dem Fernsehen rausflog und mit Berlusconi schon früh den Kampf aufnahm?

Er ist ein guter Unterhaltungskünstler und weiß, wie er die Leute für sich gewinnt. Er hatte und hat auch gebildete und keineswegs naive Leute auf seiner Seite, sogar Nobelpreisträger wie Dario Fo. Viele seiner Ideen kann man durchaus teilen, andere klingen bizarr, wie eine Art Scientology der Politik. Er hat die Leere ausgenutzt, die die Politik an vielen Stellen hinterlassen hat durch ihre Unfähigkeit, auf die realen Bedürfnisse der Menschen einzugehen. Anfangs war sein Blog sogar ein Pool für recht brauchbare kulturelle Beiträge, doch dann verwandelte er sich in eine Plattform für willkürliche Attacken, verstiegene Theorien und Selbstdarstellungen.

Kürzlich erst kam es zu einem Streit zwischen dir und einem führenden Mitglied der Bewegung Cinque Stelle, Luigi Di Maio, der zurzeit stellvertretender Vorsitzender des Abgeordnetenhauses ist: Di Maio hatte die Rettungsboote, die für ertrinkende Flüchtlinge eingesetzt werden, als »Mittelmeer-Taxis« bezeichnet.

Da kam die populistische und bösartige Seite des Movimento 5 Stelle zum Vorschein. Di Maio zitierte zur Untermauerung seiner These einen Bericht von Frontex, in dem, ihm zufolge, eben der Begriff »Taxi« verwendet wird. In diesem Bericht kommt aber selbstverständlich das Wort »Taxi« nirgends vor – das würde gerade noch fehlen. Er aber wollte mit seiner Äußerung die niedrigsten Instinkte der Leute ansprechen und baute dabei darauf, dass sich niemand die Mühe machen würde, danach den Bericht zu lesen. Das ist eine Methode, deren sich leider alle bedienen, von der Rechten bis zur populistischen Linken: Es heißt, es gäbe am Ende eine Art Faktencheck, aber sie wissen genau, dass ein Großteil der Leute niemals so weit kommen wird, die Quellen zu überprüfen. Ihnen bleiben nur die »Fakten«, die genannt wurden, in Erinnerung – also die Lüge. Wir könnten nun auch noch über das postfaktische Zeitalter sprechen, aber das würde wohl zu weit führen ...

Ich würde das aber gerne wissen: Worin besteht für dich das Postfaktische?

Es beschreibt einen Zustand, in dem die Fakten für die öffentliche Meinung sehr viel weniger zählen als die Emotionen. Seit dem Jahr 2016 hat der Begriff »postfaktisch« - englisch »post-truth« - sich stark verbreitet, als Großbritannien für den Brexit gestimmt hat und bekannt wurde, dass man dort zur antieuropäischen Propaganda Busse eingesetzt hatte mit der Aufschrift: »Wir überweisen der EU 350 Millionen Pfund wöchentlich. Lasst uns lieber den National Health Service aufstocken.« Schon am Tag nach der Abstimmung gab Nigel Farage, der bekannteste Befürworter des Austritts aus der EU, dann seelenruhig bekannt, dass er für den Transfer dieser 350 Millionen an das Gesundheitssystem nicht garantieren könne. Die Lüge hatte aber ihre Wirkung getan: Sie zielte auf den Bauch der Leute, und obwohl es sich ganz offensichtlich um eine Unwahrheit handelte, haben sie es geglaubt, ohne es je anzuzweifeln. Du siehst, es ist ziemlich egal, ob diese Behauptungen wahr sind oder nicht, es zählt nur das, was sie im Augenblick hervorrufen.

In vielen Ländern, auch in anscheinend stabilen wie Deutschland, befürchtet man - zumindest tat man das eine Zeit lang - den Zusammenbruch des alten Parteiensystems. Was können wir aus dem Kollaps der Parteien in der ersten Hälfte der Neunzigerjahre in Italien lernen?

Damals haben die italienischen Parteien aufgehört, dem Land zu dienen, stattdessen haben sie angefangen, sich gegenseitig zu bekriegen. Sie haben sich stattdessen auch zusammengetan, um Macht, Wählerstimmen und Privilegien an sich zu reißen. Wenn man dieser oder jener Partei beitrat, bekam man diesen oder jenen Posten. Ich kann mich noch genau daran erinnern, dass es früher immer hieß: »Auch wenn es entsetzlich ist, wir müssen diese Partei wählen, sonst werden wir demnächst keine Jobs mehr finden.«

Welche Partei war das?

Mal die Christdemokraten, mal die Sozialisten oder die Kommunisten. Das war im Grunde das eigentliche Ende der italienischen Demokratie. Die Parteien mumifizieren die Demokratie, sie stützen sie nicht mehr. Die Politik verkommt dann zu einem Bandenkrieg. Konstruktive Auseinandersetzungen, wie noch in den Siebzigerjahren, gibt es nicht mehr. Eines der größten Unglücke überhaupt für Italien war die Zerstörung des sozialistischen Reformismus, den Filippo Turati begründet hatte, ein politischer Denker von Weltgeltung. Das Ende dieser Tradition war ein Unglück für ganz Europa.

Du sprichst von der Sozialistischen Partei Italiens, als sei sie nicht die Partei, die am tiefsten in den Skandal von Tangentopoli verwickelt war.

Nein, von dieser Partei spreche ich nicht. Das kam später, in den Neunzigerjahren. Ich spreche von der Zeit 70 Jahre davor. 1921 hat der kommunistische Flügel sich von der sozialistischen Partei abgespalten. Der gesamte liberale Flügel der Sozialisten hatte nicht mehr viel zu sagen. Darunter waren fantastische Frauen und Männer, die ich als meine Lehrer betrachte, die aber in Italien heute niemand mehr kennt: neben Filippo Turati seine Lebenspartnerin Anna Kuliscioff, Rocco Scotellaro, die Brüder Rosselli. Auch Adriano Olivetti (*italienischer Unternehmer, der die Schreibmaschinenfabrik Olivetti seines Vaters übernahm und ihr zu internationaler Berühmtheit verhalf*) ging aus diesem Milieu hervor. Dann, mit Bettino Craxi, wurde alles anders ...

... indem er Parteivorsitzender und erster sozialistischer Ministerpräsident Italiens wurde.

Ja, aber auch hier war es nicht die Person allein, sondern das Prinzip. Ein in der italienischen Politik weitverbreiteter Irrglaube lautet: Ich erobere die Institutionen, indem ich mich der gängigen Methoden bediene - also zum Beispiel gekaufte Stimmen, Schmiergeld. Der Zweck rechtfertigt angeblich die Mittel. Vor sich selbst rechtfertigt man das dann, indem man sich sagt: Sobald ich an die Macht komme, werde ich alles ändern und der Korruption definitiv ein Ende setzen. Aber das ist eben der Webfehler. Wer da erst einmal mitmacht, hat jede Aussicht auf Veränderung ad absurdum geführt. Der Partito Socialista Italiano ist so zum Sinnbild der Korruption geworden. Zu seiner Verteidigung im Tangentopoli-Skandal hat Craxi gesagt, es hätten doch alle Geld genommen. Um seiner Verurteilung und Haftstrafe zu entgehen, ist er dann nach Tunesien abgehauen.

Hätte er besser ins Gefängnis gehen und seine Strafe absitzen sollen?

Aber natürlich. Jeder, der sich seiner Verantwortung stellt und einen Preis zahlt, wird in Italien bewundert. Er wäre als Heiliger wieder herausgekommen, denn Italien vergisst alles ...

Es vergisst alles?

Es vergisst, es lässt sich kaufen, lässt sich verführen, verliebt sich und wird sofort betrogen, aber es hört dennoch nicht auf, sich zu verlieben. Diese Nachsichtigkeit macht Italien so sympathisch. Aber sie ist eben auch der Grund, weshalb das Land nie ernsthaft aufräumt mit seinen alten Fehlern.

Italien unterhält eines der teuersten parlamentarischen Systeme der Welt, dazu muss es die enormen Kosten für die Vertreter in den Regionen und Provinzen stemmen. Ein Aufwand, über den sich alle mokieren. Und doch fällt die Reform dieses Systems in der Praxis so unendlich schwer.

Parteien, die Pfründe verteilen, haben Macht. Alle, allen voran der Partito Comunista, waren darauf aus, möglichst viele Leute auf ihre Gehaltslisten zu bekommen - auch in der Absicht, die Korruption in den Griff zu kriegen.

Indem man die Leute unabhängiger macht?

Um sie weniger anfällig für die Korruptheit eines Landes zu machen, dessen Parlament vom ersten Tag an ein Basar war.

Das scheint ja fabelhaft funktioniert zu haben - mit all den Parlamentariern und Lokal- oder Regionalpolitikern, gegen die inzwischen ermittelt worden ist!

Nein, es hat natürlich überhaupt nicht gut funktioniert. Wie setzt man der Korruption ein Ende? Indem man verhindert, dass halb legale Verhaltensweisen halb legal bleiben. Und das geht nur durch Lobbyismus, wie in Amerika.

Du bist für Lobbyismus? In Deutschland ist der verpönt, weil er als undemokratisch gilt.

Das verstehe ich, aber Lobbyisten gibt es doch so oder so, ob öffentlich oder versteckt. Das ist wie bei der illegalen Abtreibung. Wer gegen Abtreibung ist, muss sich für ein eingeschränktes Recht auf Abtreibung einsetzen, um heimliche Abtreibungen zu verhindern. Mit dem Lobbyismus ist es das Gleiche: Man wird ihn nicht los, indem man die Leute rügt und maßregelt, sondern indem man die Dynamiken, die zu ihm führen, legalisiert. In Amerika hat der Lobbyist Vor- und Nachnamen und zahlt Steuern. Bei uns hingegen passiert alles unter der Hand. Es wird ein Gesetz gemacht, das einem Geldgeber nützt, aber nur ganz heimlich, damit es bloß keiner mitkriegt.

Die Italiener schimpfen pausenlos auf die Nichtstuer im Parlament, die sich noch dazu eine goldene Nase verdienen.

Ja, aber ich bin dennoch der Meinung, dass politische Arbeit gut bezahlt werden muss. Niemand hat etwas dagegen, dass ein Präsident, ein Abgeordneter, ein Politiker angemessen entlohnt wird. Der Hass entzündet sich an der Arroganz und an der Überzeugung, dass inzwischen die politische Klasse fast nur noch für sich selbst arbeitet. Zwischen Politik und Bevölkerung klafft ein Abgrund, schon wegen des Wahlsystems, das den Willen des Volkes unterwandert und Wähler und Gewählte voneinander entfernt. Auf diese Distanz reagieren die Leute mit Misstrauen und Abwehr. Aber bei genauerem Nachdenken zeigt sich, dass ein schlecht bezahlter Politiker nicht notwendig ein ehrlicher Politiker ist, im Gegenteil: Es führt dazu, dass nur noch Reiche in die Politik gehen oder, schlimmer noch, die Korruption ins Unermessliche ansteigt.

Was ist eigentlich aus Antonio Di Pietro geworden, dem Star-Staatsanwalt von Mani Pulite, über den wir schon gesprochen haben?

Wie so viele andere Staatsanwälte entpuppte er sich in der Politik als Enttäuschung. Er meinte, die Welt verbessern zu können, gründete eine neue Partei, die auch noch L'Italia dei Valori (*das Italien der Werte*) hieß, und holte dann Politiker ins Boot, die ganz gewiss nicht das Beste waren, was Italien zu bieten hat. Der Schlimmste war der Senator Sergio De Gregorio, der später erklärte, drei Millionen Euro von Berlusconi erhalten zu haben, um von Di Pietros Partei zu ihm überzuwechseln. Di Pietro hat's dann aufgegeben und sich aus der Politik ganz zurückgezogen.

Noch so ein gescheiterter Erlöser des Landes ...

Eigentlich ist er vor allem an den hohen Erwartungen gescheitert, die man in seine Person gesetzt hat. Das Beispiel Di Pietro lehrt uns, dass Politik von Politikern gemacht werden sollte und nicht von Leuten, die man nur einfach als Persönlichkeiten schätzt und achtet. Ich würde niemals Politik machen wollen.

Hattest du schon die Möglichkeit, in die Politik zu gehen?

Man hat mir, auf sehr fantasievolle Weise, alles Mögliche angeboten: Ich sollte Innenminister werden, Kulturminister, mich fürs Bürgermeisteramt in Neapel bewerben, für das Europaparlament ... Ich habe nichts davon angenommen. Die Zeitung *Il Fatto Quotidiano* hat kürzlich eine Umfrage veröffentlicht, nach der 60 Prozent der befragten Italiener und 78 Prozent derjenigen, die für eine hypothetische linke Liste offen wären, mir Vertrauen entgegenbringen würden, wenn ich mich als Spitzenkandidat einer linken Liste aufstellen ließe. Diese Liste könnte dann sogar 16 Prozent erreichen. Aber auch nach dieser Umfrage habe ich erklärt, keinerlei Interesse an einer Kandidatur zu haben.

Hat auch Berlusconi versucht, dich heranzuziehen?

Alle Parteien haben das versucht. Es gibt für mich einen einfachen Grund, darauf nicht einzugehen: Ich bin grundsätzlich nicht daran interessiert, Partei zu ergreifen, ich möchte alle ansprechen, egal welcher politischen Couleur. Die Möglichkeit, mit einem parteiübergreifenden Publikum zu reden, ist für mich das A und O. Und ich muss sagen, das wird immer schwieriger. Wenn du dich heute nicht ganz und gar einer bestimmten Weltsicht anpasst, wenn du sagst: einen Augenblick, denken wir doch erst einmal nach, so wird das schon als Verzögerungstaktik oder als Einfallslosigkeit interpretiert. Auch die Lega Nord hat im Übrigen mal versucht, Kontakt mit mir aufzunehmen.

Die Lega Nord? Diese Rechtspopulisten, die immer wieder auch durch rassistische Bemerkungen auffallen?

Ja, sie taten das ganz offiziell.

Und die linken Regierungen, haben sie dir auch Ministerposten angeboten?

Alle, das sagte ich ja.

Und du hast dich wirklich nie versucht gefühlt, zum Beispiel Kulturminister zu werden?

Nie.

Und gibt dir das nicht zu denken, dass offensichtlich alle Parteien dich hoch schätzen?

Danke für die Blumen, aber sie schätzen mich nicht, sie wollen sich meiner bedienen.

Das heißt?

Sie finden mich nützlich. Ich wäre da vorsichtig mit der Wertschätzung. Das sind die gleichen Parteien, die mich kurz davor noch angegriffen hatten, und wenn ich ihr Angebot annehmen würde, würden sie es kurz danach wieder tun.

Gibt es eine politische Richtung, in der du dich selbst wiedererkennst?

Wie schon gesagt, fühle ich mich dem libertären Sozialismus verbunden. Ich benutze den Begriff »libertär«, weil er eine anarchistische Konnotation hat. Der für mich größte italienische Anarchist, Errico Malatesta, stammte aus meiner Heimatregion, aus Santa Maria Capua Vetere. Er ist mein Lehrmeister: Seine Ansichten zu Gewalt, seine politische Ethik, seine Kompromisslosigkeit haben mich geprägt. Er wusste, wenn er irgendeinen offiziellen Posten annähme, würde er sein Gesicht verlieren, also hat er als Elektriker und Klempner gearbeitet.

Was wollte Malatesta?

Malatestas Schriften sind eine Art Lebenselixier, man sollte sie in jedem Lebensalter lesen: in der Jugend, wenn du das Leben in Angriff nimmst, noch Anregungen brauchst und auf der Suche nach einer festen Basis bist, auf der du dein Gedankengebäude errichten kannst; wenn du auf dem Höhepunkt deines tätigen Lebens stehst und vielleicht schon die ersten Beklemmungen spürst, weil das Leben nicht hält, was es mal versprochen hat; wenn du meinst, es gäbe für dich nichts Neues mehr zu erfahren – genau dann wirst du es als ein Geschenk empfinden, in seinem Essay *Né democratici né dittatoriali: anarchici* (»Weder Demokraten noch Diktatoren: Anarchisten«) die Worte zu lesen: »Das ist es, weshalb wir weder für eine Mehrheitsregierung noch für eine Minderheitsregierung sind; weder für die Demokratie noch für die Diktatur. Wir sind für die Abschaffung der Gendarmerie. Wir sind für die Freiheit für alle, für die freie Übereinkunft, die nicht ausbleiben kann, wenn niemand mehr die Möglichkeit hat, Zwang auszuüben auf die anderen, und alle gleichermaßen an einem guten Auskommen der Gesellschaft interessiert sind. Wir sind für die Anarchie.«

Gerade waren wir hier in Berlin in einer Pizzeria zum Mittagessen. Sie hieß, es war wirklich reiner Zufall, »Malatesta«, und sie ist eindeutig nach deinem Anarchisten benannt. Gegründet hat sie nämlich ein ehemaliger militanter Linksextremist der außerparlamentarischen Gruppe Lotta Continua, der in den Siebzigerjahren mit anderen Genossen vor der italienischen Polizei nach Berlin geflohen war. Unter deiner Baseballkappe warst du gut getarnt, aber die süditalienischen Kellner und Köche sind schon Minuten, nachdem wir Platz genommen hatten, an unseren Tisch gekommen. Die haben dich erkannt und wollten dir zeigen, wie stolz sie auf dich sind. Einer sagte: Wenn es nur mehr Menschen gäbe wie Roberto Saviano! Freut dich das nicht?

Natürlich hat es mich gefreut, aber dann kam mir gleich der Gedanke: Wenn jetzt hier ein anderer bekannter Italiener säße – ein Rechter, ein Linker, ganz egal, wer! –, sie hätten ihn genauso feierlich begrüßt. Ich weiß, das klingt vielleicht sehr undankbar, aber glaub mir, es ist so: Berühmtheit macht einen misstrauisch.

Das tut mir sehr leid für dich!

Ja, ich weiß, ich mache einen trüben Eindruck.

Würdest du denn nicht gerne noch andere Aufgaben übernehmen, als nur Bücher und Beiträge für die Zeitung la Repubblica *zu schreiben?*

Ich habe nie ein Amt angenommen, schon allein um es denen nicht leichter zu machen, die mich auch so schon verachten, bespucken und behaupten, ich hätte aus meinem Kampf gegen die Mafia Kapital geschlagen. Ich werde nie ein Amt besetzen, nie und nimmer. Ich werde mich nicht benutzen und massakrieren und dann wegwerfen lassen wie einen Putzlumpen.

Harte Worte ...

Italien verdient es nicht, dass man sich politisch engagiert! Man wird in Stücke gerissen. Wenn dir in Deutschland ein Amt angetragen würde, für das du prädestiniert bist und das du als wichtig für dein Land erachtest, würdest du dann auch angegriffen, niedergemacht und verleumdet werden?

Das Risiko, angegriffen und diffamiert zu werden, ist groß und wird durch das Internet natürlich verstärkt. Das ist bestimmt auch bei uns ein Grund, weshalb viele gute Leute darauf verzichten, in die Politik zu gehen. Denn jeder hat in seinem Berufs- und Privatleben etwas getan, das sich gegen ihn verwenden lässt.

Man fragt sich: Wieso soll ich mich und meine Familie dem aussetzen? Aber im Grunde ist das auch eine feige Ausrede, denn das hieße ja, dass nur gefühllose Monster Politik machen können, was nicht stimmt: Es gibt nach wie vor gute Leute in der Politik.

Wenn es gute Leute in der Politik gibt, dann haben sie bei uns kaum eine Überlebenschance. Ein anständiger Politiker bricht unter der ersten falschen Anschuldigung, die er erleidet, moralisch zusammen oder wenn aus irgendeiner Mücke – einem Fehler, der ihm unterläuft – der berühmte Elefant gemacht wird. Die Leute machen keinen Unterschied mehr zwischen Fehler und Korruption. Gegen Fehler ist kein Mensch der Welt gefeit.

Das Problem kennen wir in Deutschland auch. Bei uns sind schon Politiker zurückgetreten, weil sie ihre bei Dienstflügen gesammelten Bonusmeilen privat benutzt haben.

Ja, da sind wir in Italien doch immer platt. Bei euch darf man absolut keinen Fehler machen, wenn man ein Vorbild sein will. Schau dir aber mal die Rockstars an. Warum liebt man die so? Weil sie straucheln, vom Weg abkommen und sich paradoxerweise eben dadurch läutern.

Rockstars haben aber keine institutionelle Bedeutung.

Das ist eben das Problem! Damit eine Institution wieder glaubhaft wird und Bedeutung erlangt, muss sie die Herzen der Menschen erreichen, ein bisschen so wie die Rockstars. Erinnere dich, was Obama am Ende seiner Amtszeit gemacht hat. Er drehte ein kleines Filmchen, in dem man ihn im Oval Office sieht: Sein Job ist getan, und er weiß nicht, wie er jetzt weitermachen soll. Er ruft ein Basketballteam in Washington an und fragt, ob er dort als Trainer arbeiten kann. Dann geht er aufs Amt, um einen Führerschein zu beantragen, muss ewig warten und wird dann nach seiner Geburtsurkunde gefragt. Er sagt: »Sie ist echt!« So etwas hätte kein anderer Präsident gemacht.

Bei uns würde man das vermutlich mit den Worten kommentieren: Wir brauchen gute Politiker, nicht begabte Selbstdarsteller.

Vielleicht sollten wir unsere Politiker wieder ein bisschen wie Rockstars behandeln. Wie Mandela ...

Aber Mandela war doch ebenfalls umstritten. Erinnere dich nur an die Betrugsvorwürfe gegen seine zweite Frau, die auch wegen einer Entführung verurteilt wurde. Wären die Helden von einst zu der heute herrschenden Transparenz verpflichtet, würden sie nicht standhalten. Wir leben in einer Gesellschaft, die einerseits weiter Fehler macht und andererseits wenig verzeiht.

Ja, gerade weil die Verzweiflung so groß ist. Die Leute sind geradezu versessen auf moralisches Wohlverhalten, auf das Privatleben, auf Dinge, die kaum jemals etwas mit Professionalität oder Kompetenz zu tun haben. Wenn ein Amtsträger durch sein privates Verhalten in Verruf gerät, werden wichtige Details schnell übersehen. Ich denke vor allem an Berlusconi, der sich während seiner letzten Amtszeit durch genau jene erpressbar gemacht hat, die ihm nahestanden und seine Schwäche ausnutzten, indem sie ihn mit jungen Frauen versorgten. Deshalb ist der Ruby-Skandal so abstoßend, weniger – oder zumindest nicht nur –, weil Berlusconi auf junge Mädchen stand.

Die Kritik an Berlusconi ist doch insofern völlig verständlich, als er sich an Minderjährigen vergriffen haben soll. Ruby war offenbar 16 Jahre alt, als er sie kennenlernte.

Vor Gericht konnte das nicht bewiesen werden. Ruby hat versichert, es habe keinerlei sexuelle Beziehungen gegeben. Aber auch das ist sehr vielsagend.

Meinst du, Ruby selbst hat ihn erpresst?

Was ich denke, ist unwichtig. Was wirklich zählt, ist, dass ein Politiker der ersten Reihe erpressbar ist.

Andererseits fällt auf: Menschen, die Gutes tun, lösen manchmal besonders heftige negative Reaktionen aus.

Das stimmt. Um mit dem Dichter Giacomo Leopardi zu sprechen: »Die Menschen hassen nicht so sehr den, der Böses tut, oder das Böse selbst, sondern den, der es beim Namen nennt.«

Weil der Mensch, der Gutes tut, Schuldgefühle hervorruft?

Ja, genau. Die Leute fragen sich dann: »Was habe ich selbst eigentlich hingekriegt?« Und weil sie dann ein schlechtes Gewissen bekommen, sagen sie sich: »Mag sein, dass ich kein guter Mensch bin, aber diese guten Menschen sind in Wahrheit Hochstapler und Schwindler, die nur auf Profit aus sind.«

Du meinst damit auch die Anfeindungen gegen dich!

Ja, leider.

Hast du all die Ämter, die man dir angeboten hat, auch deshalb ausgeschlagen, weil du dich nicht noch angreifbarer machen wolltest?

Ich habe nie ein Amt übernommen, weil ich dann die Möglichkeit verlieren würde, frei zu sprechen und das Übel beim Namen zu nennen. Ich will kein Held sein und auch niemanden bekehren, ich will nur meine Geschichten erzählen dürfen. Ich will, dass meine Worte Werkzeuge sind, Schlüssel, um Türen zu öffnen, die sonst verschlossen blieben. Ich will, dass man mir zuhört. Alles andere interessiert mich nicht. Diejenigen, die mich an den Pranger stellen, machen mir Unterstellungen wie: »Er will den Helden spielen, den Mafiajäger …« Ich schreibe Bücher. Ich schreibe Artikel und gebe Interviews, ich erzähle und analysiere. Aber ich bin kein Mafiajäger. Ich will mit den Leuten sprechen, vor allem mit den jungen.

Du bist in der sehr populären Castingshow Amici *ausgerechnet in einem Berlusconi-Sender aufgetreten, etwas unvermittelt zwischen den Sängern und Tänzern, denen da normalerweise die Bühne gehört.*

Ja, und das hat mir wieder Kritik eingehandelt. Ich habe vor dem jungen Publikum dort unter anderem über Dostojewskis *Weiße Nächte* gesprochen, und jeder Zuschauer hat ein Exemplar erhalten. Die Politik hat aufgehört, zu den jungen Menschen zu sprechen, die Jungen wollen sich heute nur noch mittels Geld und Erfolg in der Gesellschaft behaupten, ganz gewiss nicht durch Politik. In einer Welt, in der die demokratischen Rechte gar nichts mehr wert sind, zählt nur noch das, was du dir kaufen kannst: Die Politik selbst wird als Instrument angesehen, das man dazu verwenden kann, sich etwas zu kaufen – allerdings unter der erschwerenden Bedingung der Heuchelei. Ein reicher Unternehmer hat erklärtermaßen nur ein Ziel, nämlich Geld zu verdienen. Nicht so der Politiker: Er behauptet, für das Wohl des Landes arbeiten zu wollen, während er es in Wahrheit für seinen eigenen Gewinn tut. Um sich wieder den jungen Leuten zuzuwenden, müsste man ihnen klarmachen, dass man die Dinge mithilfe des Rechts zum Guten verändern kann, nicht nur mittels des Geldes. Es ist ein beschwerliches Unterfangen, aber man sollte wenigstens damit beginnen, wenn man ihr Vertrauen wiedergewinnen will.

Wirft man dir auch vor, dass du Geld verdienst mit deinen Aktivitäten?

Na und ob. Das gehört zu unserer Kultur, wir sind da anders als die Deutschen oder die Engländer. In Italien ist es völlig okay, sich von der Familie aushalten zu lassen, so muss man sich nicht die Hände schmutzig machen. In meinem Land ist Geld per definitionem dreckig. Ich bin der Sohn einer Lehrerin und eines Amtsarztes, ich habe mein Geld durch eigene Arbeit verdient, und darauf bin ich stolz. Bei uns hat sich mit zunehmender Tendenz die Meinung breitgemacht, ein Intellektueller, Schriftsteller oder Künstler dürfe nichts verdienen, sondern müsse sein Werk gratis zur Verfügung stellen, zum bloßen Wohle der Gemeinschaft. Die Leute sind heute längst gewohnt, die im Netz angebotenen Produkte gänzlich unentgeltlich zu konsumieren, und keiner verschwendet einen Gedanken daran, wie der Schriftsteller seine Miete bezahlen soll. Kürzlich hat es eine Zeitungsdebatte darüber gegeben, weil ein Schuldirektor beschuldigt worden war, angeblich seine Schüler zum Kauf meines letzten

Romans gezwungen zu haben. An der Sache war natürlich nichts Wahres dran, aber es macht einen doch nachdenklich: Die Familien sind zwar bereit, die Eintrittskarten zu bezahlen, wenn die Schule einen Ausflug ins Museum organisiert, sie bezahlen Karten fürs Theater, fürs Kino. Ein Schriftsteller aber soll – man weiß nicht, aufgrund welcher Logik – seine Werke kostenlos unter die Leute bringen und von der Luft leben wie ein Wundertäter. Am Ende werden es sich nur noch diejenigen leisten können, Kunst zu machen, die reiche Eltern haben.

Du nutzt das Internet aber mit großem Erfolg, du hast 2,4 Millionen Facebook-Fans und 1,6 Millionen Follower auf Twitter, du bist der digital am besten vernetzte italienische Schriftsteller. Wie bewältigst du das?

Das ist schon sehr viel Arbeit, aber auch eine dankbare. Ich schreibe auf Englisch, Italienisch und auch auf Spanisch, weil ich viele Anhänger in Südamerika habe.

Ja, und du sitzt schon morgens mit großen Augenrändern am Frühstückstisch, mit dem Smartphone in der Hand, und siehst dir den ganzen Dreck und Unsinn an, der dir da entgegenschwappt, neben unzähligen Anfragen aus aller Herren Länder. Oft wollte ich dir schon das Ding am liebsten wegnehmen und dich für eine Zeit lang aus allen sozialen Netzwerken abmel-

den. Meine Prognose: Du würdest physisch und psychisch aufblühen.

Mir ist der Kontakt mit der Welt sehr wichtig und auch die Vorstellung, eingreifen und etwas verändern zu können. Mit 26 Jahren habe ich angefangen zu leben, als befände ich mich sozusagen im Auge des Zyklons: Mit jedem Schritt, den ich mache, löse ich etwas aus. Geh ich nach rechts, öffnet sich eine Falltür, geh ich nach links, bekomme ich einen Kübel Mist auf den Kopf gekippt. Leider, oder Gott sei Dank, ist das der Platz, der mir zugewiesen ist. Es hat mich destabilisiert, auch verhärtet und zu einem guten Teil ruiniert, aber ich kann mir nicht vorstellen, anders zu leben.

Bekommst du viele Shitstorms ab?

Und wie! Aber das hat auch sein Gutes: Man dringt so in neue Sphären vor. Wenn ich etwas poste und nur positive Kommentare von meinen Fans bekomme, ist das schön, aber es bringt gar nichts. Wenn sie mich mit Dreck bewerfen, bedeutet das, dass ich auch Menschen erreicht habe, die mich nicht verstehen, nicht mit mir übereinstimmen und mich wahrscheinlich auch nicht ausstehen können.

Und das ist für dich dann das Positive?

Es kommt natürlich darauf an. Wenn man in feindliches Territorium vordringt, gelingt es einem fast immer, den einen oder anderen auf seine Seite zu ziehen. Einerseits reden wir da von verschwindend geringen Zahlen, die übrigens auch noch immer mehr abnehmen. Andererseits kann die Unterstützung im Netz auch zu einer regelrechten Kriegsmaschine werden, die von den klassischen Medien unabhängig ist. Man setzt einen Tweet ab und hat die Möglichkeit, damit 1,5 Millionen Menschen zu erreichen. Nicht alle werden ihn lesen, aber wenn nur die Hälfte ihn liest und weiterleitet ... bum!

Lässt du dir bei der Arbeit im Netz helfen?

Ja, aber jeder Post ist von mir geschrieben, jede Aussage stammt von mir. Die Kraft der Social Media liegt in der persönlichen Präsenz. Meine Strategie besteht darin, immer etwas zu sagen zu haben, immer etwas zu reflektieren.

Wenn dir aber Fehler unterlaufen – wäre es nicht besser, sie einfach zuzugeben?

Welche Fehler meinst du, konkret?

Der amerikanische Journalist Michael Moynihan hat dir vorgeworfen, in deinem Kokain-Buch ZeroZeroZero *plagiiert zu haben. In Deutschland ist das ein Thema, auf das wir besonders empfindlich reagieren.*

Plagiat ist ein universales Thema, nicht nur ein deutsches, und es ist richtig, empfindlich darauf zu reagieren. Was mich betrifft, so habe ich kein Plagiat begangen. Ich habe da nichts zuzugeben. Es ist interessant zu beobachten, dass immer erst ab einer gewissen Auflagenhöhe von Plagiat gesprochen wird. Es ist aber absolut üblich, aus Gerichtsakten zu zitieren, Sätze wiederzugeben, die jemand anderes formuliert hat und die in der Zeitung stehen, und ganz allgemein auf das Wissen zurückzugreifen, das in Gerichten und Zeitungen archiviert ist. Wenn es diese Möglichkeit nicht gäbe, würden gut 70 Prozent der Essayistik weltweit zum Erliegen kommen. Zum Problem wird das erst, wenn dein Buch zu einem Erfolg wird: Dann tauchen plötzlich die Gläubiger auf oder solche, die sich dafür halten. Sobald du einen gewissen Grad an Bekanntheit erreicht hast, kommen alle, die auch nur vage etwas Ähnliches geschrieben haben, und verlangen »Prozente«. Ich beschreibe damit nicht meinen speziellen Fall, sondern das Phänomen allgemein.

In einem Artikel für das Onlinemagazin The Daily Beast *zitiert Moynihan aber Sätze aus deinem Buch, die beinahe wortgleich sind mit Formulierungen aus anderen Veröffentlichungen.*

Moynihan hat in seinem Anklagebericht Teile meines Buches genommen, hat sie verändert und sie dann mit Zeitungsartikeln oder Umfragen oder sonstigen Passagen verglichen, die er auch verändert hat, damit sie möglichst gleich lauten. Zu sagen, »Saviano ist ein

Plagiator«, ist leicht. Aber das auch nachzuweisen, ist schwer. Nur wenige haben Moynihans Bericht ganz gelesen, und wer das tut, merkt, wie er da vorgegangen ist. Man kann das niemandem klarmachen, du kannst dir nur wünschen, dass einer, der in die Debatte einsteigen will, das wenigstens im Kontext liest – und nicht einfach den kürzesten Weg geht und den Verleumdungen glaubt. Im Übrigen gibt es auch gar nicht so viele unterschiedliche Möglichkeiten, einen Mord zu beschreiben, der an einem bestimmten Tag an einem bestimmten Ort geschehen ist, mit einem Mörder, einem Täter und einer Waffe. Und auch die Wiedergabe einer Gerichtsakte oder eines Interviews kann man nur schwer variieren.

Die Plagiatsdebatte wird auch dadurch verkompliziert, dass deine Bücher teilweise fiktional sind.

Ja, aber Fiktion heißt bei mir nicht Verdrehung der Tatsachen. Wenn ich in *Gomorrha* einen Mord schildere, dann füge ich den Tatsachen fiktive Elemente hinzu, Gerüche und Gefühle, die meiner Wahrnehmung entspringen. Ich interpretiere, aber ich erfinde nichts.

Was ist mit der berühmten Anfangsszene von Gomorrha, *in der du beschreibst, wie tiefgefrorene Leichen am Hafen von Neapel aus einem Container kullern?*

Sie ist mir genau so geschildert worden.

Man hat dir vorgeworfen, das sei eine Urban Legend.

Wenn ich alle Vorwürfe ernst nehmen würde, müsste ich jetzt sofort aufhören zu schreiben.

Du weißt also nicht, ob die Geschichte wahr ist oder nicht?

Und du meinst, eine Urban Legend sei nicht geeignet, um das Milieu zu beschreiben, aus dem sie stammt? Außerdem: Selbst wenn es eine Legende ist, dient sie meinem Zweck. Das ist mein Stil. Deshalb bezeichne ich mich als Schriftsteller und nicht als Journalist. Ich verwende alles, doch wenn ich von einem Mord erzähle, achte ich darauf, dass die Fakten stimmen. Du musst wissen: Bei allem, was ich tue, versuche ich in erster Linie, Verleumdungsklagen zu vermeiden. Ich schreibe Non-Fiction-Novels. Das bedeutet, Tatsachen und erzählerische Mittel miteinander zu verbinden und trotzdem nichts zu erfinden.

Non-Fiction-Novel bedeutet, womöglich auch eine Legende zu verwenden?

Natürlich. Doch wenn ich sie verwende, dann nur so, wie ich es am Anfang von *Gomorrha* tue: Ich lege sie einem Kranführer in den Mund, der etwas über die Zustände in den chinesischen Fabriken in Neapel erzählt. Das ist der Unterschied. Ich behaupte nicht, selbst dort gewesen zu sein. Ich suche nicht nach dem richtigen Abstand, sondern nach der richtigen Nähe. Deshalb trifft es mich umso mehr, wenn jemand sagt: »Saviano hat abgekupfert.«

Michael Moynihan hat sogar behauptet, einige deiner Interviewpartner seien erfunden.

Ja, ich habe öffentlich darauf reagiert, auch wenn eine solche Unterstellung eigentlich keine Antwort verdient hätte. Heutzutage herrscht eine regelrechte Plagiatshysterie, es gibt Software, mit der man gleiche Sätze herausfiltern kann: ein Wahnsinn! Wenn man Fakten schildert und sich auf Quellen stützt, können gleiche Sätze gar nicht ausbleiben. Es kommt sogar vor, dass in den Fiction-Romanen ein Autor, ohne sich dessen bewusst zu sein, einen Satz hinschreibt, den ein anderer bereits geschrieben hat ... Möglicherweise hat er das Buch, in dem der Satz steht, nie gelesen, oder er hat es gelesen und es so verinnerlicht, dass dieser Satz jetzt zu seinem Repertoire gehört: Er hat ihn sich zu eigen gemacht, ohne es zu wollen. Solche Vorgänge ins Böswillige zu verkehren heißt, die geistige Entwicklung eines Menschen zu leugnen. Und was die Vorwürfe gegen *ZeroZeroZero* betrifft: Ich war bei »El Chapo« Guzmáns Verhaftung nicht dabei, woher hätte ich meine Informationen nehmen sollen?

Aus den Zeitungen?

Und von Dutzenden Presseagenturen. Ich bin nicht so naiv, mich nur auf Zeitungen zu verlassen. Und die Agenturen stützen sich ihrerseits auf die Polizeiberichte. Der springende Punkt ist, dass ich als Non-Fiction-Autor in meinen Büchern keine Bibliografien hinzufüge, sonst hätten meine Bücher mindestens 50 Seiten Literaturangaben. Das ist vielleicht der einzige Fehler, wenn man es denn so nennen will: Wenn ich aus vielen Quellen schöpfe und daraus einen Roman mache, ist das für die Angelsachsen schon ein Plagiat. Ich protestiere gegen diesen Vorwurf, ich lehne ihn rundweg ab. Es ist, als müsste ich jedes Mal, wenn ich das Wort »Speiseeis« ausspreche, angeben, wer mir zum ersten Mal eines angeboten hat, wo er das gemacht hat wie viel er dafür bezahlt hat, und so weiter. Verstehst du, wie absurd dieses Konzept ist? Manchmal gibt es das ja wirklich, dass ein Autor anderen die Ideen stiehlt und nicht anerkennt, dass das ihr geistiges Eigentum ist, und dann ist es richtig, dass ein solches Verhalten bestraft wird. Aber etwas unter Copyright zu stellen, das längst in das Allgemeinwissen übergegangen ist, ist ein lächerliches Unterfangen.

Und du willst keine Konsequenzen aus diesen Vorwürfen ziehen?

Du redest, als wären diese Anschuldigungen an mir einfach abgeprallt, ohne Narben zu hinterlassen. Du möchtest vielleicht, dass ich Fehler eingestehe, aber wenn ich das täte, würde ich ein literarisches Genre verleugnen, das sich meiner Ansicht nach enorm verdient gemacht hat. Und ich denke dabei nicht an mich und meine eigenen Arbeiten, sondern an jeden, der sich an ein solch hybrides Genre wagt und nach Kräften versucht, jenen Bereichen, die ansonsten Insidern vorbehalten sind, die Anschaulichkeit und Lebendigkeit abzugewinnen, die eigentlich allen zugänglich sein müsste. Der Zweck heiligt die Mittel? Nein, natürlich nicht. Aber eine Nachricht ist eine Nachricht, Dutzende von Zeitungen berichten darüber auf die gleiche Weise; es gibt kein Copyright auf eine Nachricht. Es gibt ein Copyright auf Interpretationen und auf Hypothesen. Und da wir schon einmal dabei sind: Viele mexikanische Journalisten haben sich an mich gewandt, um mir zu versichern, ich hätte aus der Entfernung vieles von dem, was mit den mexikanischen Kartellen passiert, besser kapiert als diejenigen, die ganz nah dran sind. Mein letztes Buch ist ein Roman, das nächste wird auch einer sein: Ich habe die Konsequenzen also schon gezogen. Und statt elend lange und öde Bibliografien zu erstellen, mit Webseiten von afrikanischen Presseagenturen oder Dokumenten der Polizei von Los Angeles, habe ich die Klarnamen der Figuren geändert und einfach »Roman« auf den Buchdeckel geschrieben.

»*Renzi fehlt das intellektuelle Format*«

Über die Sehnsucht nach einem Erlöser, die Wut auf den Norden und europäische Träume

Mir schwirrt noch dieser Satz von dir im Kopf herum, dass ein anständiger Mensch heute nicht in die Politik gehen könne. Das kommt mir vor wie eine Schutzbehauptung. Es ist so viel leichter, Kritik an der Politik zu üben, als sie zu gestalten.

Ich weiß, was du damit meinst, und ich habe lange Zeit auch so gedacht. Aber sich heute aktiv politisch zu betätigen, bedeutet Krieg zu führen, Krieg gegen alle. Es wird dann niemand hinter dir stehen, auch nicht die Partei oder Koalition, deren Kandidat du bist. Und gerade die anständigen Menschen mit vielversprechenden Ansätzen werden am meisten angefeindet und aufgespießt. Genau die, die wirklich etwas ändern könnten. Ich denke an den Wahlkampf von Emma Bonino (*der früheren Ministerin und auch EU-Kommissarin*) für das Präsidentenamt der Region Latium - wie schlecht der Partito Democratico damals seine eigene Kandidatin ertragen und wie wenig er ihr geholfen hat. (*Bonino trat bei den Regionalwahlen 2010 in Latium als Kandidatin der kleineren Radikalen Partei für ein Mitte-Links-Bündnis mit dem PD an, der keinen Kandidaten aus den eigenen Reihen ernannt hatte.)* Natürlich haben sie die Wahl verloren. Ich könnte noch mehr Beispiele dafür geben, wie hervorragende, ernsthafte Kandidaten erst ernannt und dann nicht unterstützt werden, und die meisten stammen aus dem Partito Democratico. Dann ist da noch die Einstellung der Leute: Politische Ämter stoßen auf Ablehnung und Misstrauen, man ist als Abgeordneter nichts als ein dreckiger Betrüger. Durch die Skandale der vergangenen zwanzig Jahre hat sich diese Sichtweise noch verfestigt, und die Politik wird schwerlich das Vertrauen wiedergewinnen, das sie missbraucht und vielleicht unwiederbringlich verloren hat. Noch etwas gilt es zu bedenken, bevor man in die Politik geht: Politiker zu werden bedeutet heute, sich wie ein Opferlamm auf den Altar eines Landes zu legen, das nur daran interessiert ist, dich in Stücke zu zerlegen. Sämtliche Details deines Lebens, auch des Berufslebens, können dazu genutzt werden, deine politische Arbeit zu diskreditieren. Selbst wenn es da nichts Illegales und auch sonst nichts Auffälliges gibt, in den Augen der Öffentlichkeit trägst du auf alle Fälle irgendeine Schuld. Ich gebe dir ein Beispiel: *Gomorrha* ist im Verlag Mondadori erschienen, der Berlusconi gehört. In der dunkelsten Stunde unseres Landes war ich einer der wenigen, wenn nicht gar der einzige Autor, der aus politischen Gründen von Mondadori weggegangen ist. Aber man beschuldigt mich noch heute, ich hätte mein Buch bei Berlusconi veröffentlicht. Das heißt: Obwohl ich längst weggegangen war, obwohl Berlusconi und seine Tochter mich öffentlich angeschwärzt haben, bleibt das an mir hängen wie ein Sündenfall. Magst du noch ein aktuelles Beispiel hören?

Was für eine Frage, natürlich.

Die Polemik gegen jene NGOs, die Flüchtlinge auf dem Meer bergen, die sich vor einiger Zeit in Italien entzündet hat, wurde ausgelöst durch einen Staatsanwalt: Er hatte einfach mal so seine Zweifel darüber geäußert, ob es bei den Rettungsarbeiten der NGOs im Mittelmeer immer sauber zuginge - ohne dafür irgendwelche gerichtsfesten Beweise zu haben. Das ist, als würde er sagen: Bei der Finanzierung der NGOs ist etwas faul, aber das ist mehr ein Gefühl als eine Gewissheit. Die Öffentlichkeit ist seitdem größtenteils überzeugt, die NGOs seien irgendwie schuldig und bedienten sich krimineller Methoden. Wie soll man unter solchen Voraussetzungen in die Politik gehen?

Ich habe das verfolgt. Du hast als Einziger die deutschen Aktivisten auf dem Schiff von »Jugend rettet« verteidigt, die beschuldigt werden, indirekt das Geschäft der Schlepper zu betreiben. Dafür bist du von

Politikern und auch im Netz in der Luft zerrissen worden. Ich habe in der Flüchtlingspolitik nun wirklich eine andere Meinung als du, weil du dich wiederholt für den unbegrenzten Zugang ausgesprochen hast, dabei aber die Ängste der Leute vergisst, die diese Flüchtlinge aufnehmen sollen. Vor deinem Mut habe ich jedoch großen Respekt: Du leistest etwas, was das Kennzeichen eines wahren Intellektuellen sein sollte, sich nämlich gegen jeden Konformismus zu stellen. Aber wenn du sagst, es lohne sich nicht, in die Politik zu gehen, dann überlässt man sie damit am Ende doch nur den Skrupellosen und Kriminellen.

Den Kriminellen und den Skrupellosen, so ist es.

Hältst du Matteo Renzi allen Ernstes auch für einen Abzocker und Kriminellen?

Matteo Renzi wollte das Land verändern, aber stattdessen hat das Land ihn verändert. Oder vielleicht hat er auch nur behauptet, das Land verändern zu wollen. Er fand eine verwüstete sozialdemokratische Partei vor, und er hat ihr den Gnadenstoß versetzt. Er fand ein Land vor, das eine gute Portion Vertrauen gebraucht hätte, und er hat es mit Versprechungen und ein paar elenden Pfründen abgespeist. Und dann ist da noch seine gänzliche Unfähigkeit, den Süden des Landes zu verstehen – der ihm das dann mit einem Nein beim Verfassungsreferendum quittierte. Am Tag nach dem Referendum haben er und seine Mannschaft, anstatt einen Schritt zurückzutreten und die Niederlage aufzuarbeiten, gleich wieder Anlauf genommen - aber mit welchem Ziel eigentlich? Renzi wirkt immer so, als wolle er alles haben, und zwar sofort. Das ist sein größtes Problem.

Du kennst Renzi ja auch persönlich. Wie wirkt er auf dich?

Er ist sehr bestimmt. Er weiß, was er heute tun muss, um morgen das Ergebnis zu erreichen, das er haben will. Er hat keine Skrupel, wenn es darum geht, das zu erreichen, was er will, und das kann man so oder so sehen, im Guten oder im Schlechten. Kommt darauf an, ob das, »was er will«, auch das ist, was dem Land guttut. Und du, Giovanni, bist du ihm nie begegnet?

Doch, zwei Mal. Das erste Mal im Oktober 2013, ein paar Wochen bevor er die Urabstimmung über die neue Führung des sozialdemokratischen Partito Democratico für sich entscheiden konnte. Wir trafen uns in einem Luxushotel, ein bisschen außerhalb des Zentrums von Florenz. Das war ein Vorschlag von Renzi selbst, weil an diesem Montagmorgen Demonstranten das Rathaus belagern wollten, in dem er damals ja als Bürgermeister regierte. Vielleicht war er besorgt, dass dies meinen Eindruck von ihm bestimmen könnte. Aber ich muss zugeben: Der Mann hat Kraft, Cha-

risma, Charme und vor allem eine beträchtliche rhetorische Begabung. Mir fiel an ihm etwas auf, was ich vorher schon am früheren Bundeskanzler Gerhard Schröder beobachtet hatte, auch so ein Machtmensch und Political Animal wie Renzi. Er fragte mich sehr intensiv und genau aus - zum Beispiel darüber, wie die Medien in Deutschland aufgestellt sind. Und ich vermute, er wäre am selben Abend schon in der Lage gewesen, dieses Sekundärwissen in einer Rede als sein eigenes auszugeben. Das meine ich überhaupt nicht negativ, das ist ein Talent. Und auch wenn das jetzt ein bisschen altklug klingt: Ich kam zurück und sagte den Kollegen, der wird der nächste Ministerpräsident ...

Dann bist du also daran schuld! *(lacht)*

Die Erwartungen, die man anfangs in Renzi gesetzt hat, waren außerordentlich groß. Gibt es heute in Italien noch die Sehnsucht nach einem autoritären Erretter des Vaterlandes?

Sehnsucht nach einem Erlöser? Aber sicher. Ob jetzt autoritär oder nicht, weiß ich nicht. Doch das Bedürfnis nach einem Erlöser ist riesengroß. Aber wir haben ja schließlich den Papst, wir sollten uns zufriedengeben.

Und glaubst du, Renzi könnte immer noch ein Erlöser sein?

Renzi will eher ein Steuermann sein. Er hat nicht das Charisma eines Erlösers, dazu fehlt ihm das intellektuelle Rüstzeug. Es beschränkt sich auf ein paar banale Schlagworte, die er vielleicht mal in einem Bestseller gelesen hat. Renzi fehlt das intellektuelle Format.

Und schmälert das seine Ausstrahlung?

Ja, natürlich. Renzi vermag zwar seine Ziele zu vermitteln, aber er trifft nicht den Nerv des Landes. Er ahnt, dass die Menschen es leid sind, immer den gleichen Brei serviert zu bekommen. Und um dem zu begegnen, benutzt er die gleiche Taktik wie Berlusconi: Es wird alles schöngeredet.

Merkel hat ja, um ihre Griechenlandpolitik zu rechtfertigen, gesagt, ihr Vorgehen sei »alternativlos«. Ist Renzi nicht auch alternativlos? Sind die anderen nicht viel gefährlicher?

Die Situation in Italien ist vor allem deshalb so verzweifelt, weil man sie nie als das nimmt, was sie ist. Wir befinden uns permanent im Wahlkampf, und Wahlkampf bedeutet Konfrontation, nicht Konstruktion, nicht Planung. Die Regierungen, die sich in den vergangenen Jahren eine nach der anderen abgelöst haben, hatten immer nur den nächsten Wahlkampf vor Augen, nicht das Wohl des Landes. Das wirklich Tragische ist, dass es in Italien inzwischen keine politische Kraft mehr gibt, die nicht eine gefährliche Mischung aus Utopie, Populismus und Demokratiefeindlichkeit um sich verbreiten würde - wenn nicht gar Europafeindlichkeit.

Wie konnte es in so kurzer Zeit zu so einer Kehrtwende kommen, ausgerechnet in Italien, das doch mal so europabegeistert war?

Es gibt keine Arbeit, und deshalb legt man sich mit allen an. Europa, die Einheitswährung und die Flüchtlinge sind die beliebtesten Angriffsziele.

Und daran wäre Europa schuld? Merkel als Sündenbock der Italiener?

Der Zorn richtet sich nicht nur gegen Deutschland, aber Deutschland und Frankreich haben eine gewisse Verantwortung. Wenn Deutschland als ein Land wahrgenommen wird, das immer nur tadelnd mit dem Finger auf die Dinge zeigt, die nicht funktionieren, schadet das dem Image Europas als einem einheitlichen und zusammenhängenden Organismus. Die Entscheidung, Flüchtlinge in Deutschland aufzunehmen, war ein kluger Schritt von Frau Merkel. Endlich wurde Deutschland von den anderen Ländern - Spanien, England, Frankreich, Italien - als ein Land wahrgenommen, das nicht immer nur andere maßregelt, sondern in jeder Hinsicht großzügig ist.

Wenn wir Deutschen Stärke zeigen, heißt es, wir würden uns als Herren Europas aufführen. Aber wenn wir es nicht tun, hält man uns für Drückeberger. Das ist unser Dilemma, wie wir es auch machen, wir machen es falsch.

Das ist das Schicksal eines jeden Menschen, nicht nur das der Deutschen. Aber wie auch immer, mir fällt da jetzt eine Geschichte ein, die ich erlebt habe. Kürzlich besuchte ich eine italienische Schule. Die erste Frage, die mir ein Schüler stellte, war: »Im Zweiten Weltkrieg wollten die Deutschen Europa erobern, wollen sie das jetzt unter Angela Merkel auch tun?«

Und was hast du geantwortet?

Ich habe ihm gesagt, man könne das nicht miteinander vergleichen.

Oh, vielen Dank!

Das Deutschlandbild, das dahintersteckt, ist ein genauso schwachsinniges Vorurteil wie das antisemitische Klischee, dass die Juden die Banken kontrollieren - oder wie jene Vorurteile, dass die Franzosen nach Käse stinken und dass die Italiener immer zu spät kommen. Es ist ein billiges, kurzsichtiges Spiel. Wenn ich den gesamten Kontext ausblende, ist es leicht, die Weltkriege und Frau Merkel in einen Topf zu werfen. Das funktioniert mit jedem Thema. Der entscheidende Unterschied zwischen einem demokratischen und einem ideologischen Diskurs liegt in der Komplexität.

Es ist aber gerade die Komplexität der Probleme in Europa, die auch integren Politikern zu schaffen macht. Auf die drängenden Fragen hat niemand eine schnelle Antwort parat, auch wir Journalisten nicht!

Mein Traum von Europa ist ein einziges gemeinsames Parlament und ein Präsident der Vereinigten Staaten von Europa. Und in den nationalen Regierungen sitzen fähige Leute, die auch aus anderen Ländern kommen können.

Du bist ein unverbesserlicher Utopist!

Die Vereinigten Staaten von Europa hat auch Altiero Spinelli sich erträumt, einer der Gründungsväter der Europäischen Union.

Ado, ein Restaurantbesitzer in Capalbio - dem Ort also, den du so gescholten hast, weil er keine 50 Flüchtlinge aufnehmen wollte -, hat mir das Gleiche neulich als Rezept zur Rettung Italiens vorgeschlagen: Lass uns doch ein paar Deutsche oder Dänen oder sonst wie begabte, anständige Menschen engagieren, und lassen wir sie wie Kommissare das Land regieren. Man müsste sie natürlich sehr gut bezahlen, aber für sie würde er gerne seine Steuern hergeben, meinte

Ado. Alle, die von diesem Vorschlag hörten, waren sehr angetan.

Meine Schelte wegen Capalbio und der Flüchtlinge hat dir offenbar zugesetzt. Aber wir brauchen Offenheit, vor allem dort, wo es Reichtum gibt und Offenheit möglich ist. Die Lösung, die dein Restaurantbesitzer vorschlägt, ist nicht gangbar, sie taugt nicht einmal als Utopie, weil sie von einer Notlage ausgeht, einem Kommissariat. Der Einsatz von ausländischen Politikern soll nicht dazu dienen, Prügel zu setzen oder die Belegschaft wieder auf den rechten Weg zu bringen, sondern dazu, Vielfalt und Visionen zu schaffen. Warum, zum Teufel, will es uns nicht gelingen, die Vereinigten Staaten von Europa zu erschaffen?

Welche Sprache soll denn gesprochen werden in den Vereinigten Staaten von Europa?

Ich liebe meine Muttersprache, ich bin wirklich stolz auf sie, und ich bin absolut davon überzeugt, dass sie die schönste Sprache auf diesem Planeten ist. Ich bin mir jedoch bewusst, dass das Italienische in die zweite Reihe der europäischen Idiome gehört. Wir brauchen ein Einheits-Parlament und eine Einheits-Armee, um die Distanzen aufzuheben und eins zu werden.

Herrje, das hast du mir schon oft erzählt! Nicht einmal die Nationalmannschaften willst du uns lassen?

Nein, die können bleiben, obwohl, wenn man's bedenkt ... Nein, ich scherze nur, Hände weg von den Nationalmannschaften ... Ich träume aber noch immer von dieser einen Lösung: keine Grenzen, keine Nationalflaggen, nur die goldenen Sterne auf blauem Grund, und mit der Türkei und Israel als Mitgliedsländern.

Mit Herrn Erdoğan? Willst du auch, dass die Populisten und die Extremisten überall in Europa die Mehrheit erlangen?

Warum vernünftige Lösungen ausgerechnet den Extremisten den Weg freiräumen sollen, ist eine Ansicht, die ich nie kapiert habe. Ich glaube vielmehr - aber ich kann mich ja irren -, dass der Weg für die Extremisten dann frei wird, wenn wir sie nicht mit mutigen, neuen Projekten eindämmen.

»Sie haben ihre Häuser geöffnet«

Warum Lampedusa einen Nobelpreis verdient – und was es bedeutet, auf sein Land stolz zu sein

Du hast viel über Kriminalität, Missgunst und Elend in Italien gesprochen. Kann man das wirklich verallgemeinern? Das Land zeichnet sich doch durch große Vielfalt aus: Es gibt die arabische Mentalität in den Dörfern Kampaniens, die du beschrieben hast, es gibt aber auch die disziplinierten, wortkargen Trentiner. Es gibt die verschlossenen Florentiner und die leutseligen Menschen aus der Romagna, den fatalistischen Süden und den tatkräftigen Norden.

Ja, das stimmt, aber die Vielfältigkeit der Charaktere und Kulturen ist für das Land zugleich Fluch und Segen.

Hast du eigentlich auch Italiener getroffen, von denen du richtig begeistert warst?

Aber natürlich, viele. Richtige Helden. Es klingt wie ein Gemeinplatz, aber ich glaube, der wahre Heroismus ist im Alltäglichen aufzufinden, in den kleinen

Gesten: der Arzt, der unentgeltlich den Flüchtlingen hilft. Der Arbeiter, der gute Arbeit leistet und sich dabei verwirklicht. Solche Menschen sind beispielhaft für mich, denn sie tun Gutes, ohne dafür groß gelobt werden zu wollen.

Was sagst du denn zu dem unglaublichen Engagement der Ehrenamtlichen, die 2016 im Erdbebengebiet in Mittelitalien geholfen haben?

Es gibt eben auch dieses Italien, das spontan großzügig sein kann. Und es sind nicht nur Italiener. Es gab auch Migranten, die ihren kleinen Tagelohn spendeten, um den Opfern zu helfen.

Auch in Deutschland haben viele Menschen Geld gespendet und Hilfe geschickt, bei dieser und schon bei anderen Katastrophen. Kannst du mir erklären, warum von den zerstörten Ortschaften kaum welche wiederaufgebaut werden?

Sie werden schon wiederaufgebaut, aber unglaublich langsam, sozusagen in einer ständigen Pattsituation zwischen Klientelismus und Bürokratie. Einerseits versucht man, die Dinge zu beschleunigen, andererseits ist klar, dass man auf diese Weise - wenn man zum Beispiel die Aufträge direkt verteilt - der Korruption in die Hände spielt.

Du hast einmal etwas über eine ganz ungewöhnliche Frau, die Augenzeugin eines Verbrechens, geschrieben. Die wirkte auf mich wirklich wie eine Heldin!

Ja, Carmelina, eine Lehrerin. Sie war Zeugin eines Mordes in Mondragone. Alle haben sich zu Boden geworfen - nicht so sehr, um den Schüssen auszuweichen, sondern, um nicht Zeuge zu werden. Die Frau aber hat sich alles angesehen, ist zur Polizei gegangen und hat den Mörder beschrieben. Die Polizei hat ihn verhaftet und vor Gericht gebracht. Und weißt du, was dann geschah?

Man hat sie wahrscheinlich ziemlich angefeindet.

Das ganze Dorf hat sie gehasst. Und zwar nicht, weil sie bewirkt hatte, dass der Mörder gefasst wurde, das war den Dorfbewohnern egal. Sie wurde gehasst, weil sie sich so in Szene gesetzt hatte. Das fanden sie arrogant. Man hat sie dann weit weggebracht, unter Begleitschutz, und sie bekam eine neue Identität. Sie hat alles verloren.

Aber lassen dich solche Beispiele nicht doch auch an das Gute im Menschen glauben?

Doch, und es ist jedes Mal groß und anrührend. Trotzdem weigere ich mich, alle Opfer der Camorra als Helden zu sehen. Das ist nicht richtig. Man kann ein unschuldiges Opfer sein, mit dem ganzen Kummer und

Schmerz, den das mit sich bringt, aber das heißt nicht, dass man deshalb auch unbedingt ein Held ist. Das wird man meines Erachtens erst durch den festen und unverrückbaren Willen, sich gegen ein endemisches Übel wie die organisierte Kriminalität aufzulehnen.

Ich verstehe, was du meinst. Aber ich habe dich oft sagen hören, die Bewohner von Lampedusa seien Helden.

Das stimmt, ich würde die ganze Insel als heldenhaft bezeichnen. Ein Fischer dort hat es einmal so ausgedrückt: »Ich habe nie einen Menschen dem Meer überlassen.« Ich wünschte, der Nobelpreis würde an Lampedusa gehen. Dabei sind die Bewohner, ehrlich gesagt, alles andere als offen. Es sind Insulaner, rau, unzugänglich. Und doch haben sie ihre Häuser geöffnet. Sie denken nicht: »Die Flüchtlinge stehlen, sie nehmen uns den Arbeitsplatz weg, wir werden aussterben und in Reservaten landen.« Sie sehen ein unterernährtes Kind, sie sehen die aufgedunsenen Leichen, und sie handeln. Alles andere ist unwichtig.

Das verstehe ich, aber muss es erst um Leben und Tod gehen, bevor du in Italien auf irgendetwas stolz sein kannst?

Nein, ich habe so etwas nie gesagt. Es gibt viele Gründe, auf Italien stolz zu sein. Wenn man ein Museum besucht, zum Beispiel, oder wenn man sich bei einem Abendessen über die Schönheiten der italienischen Kunst oder über die Kultur der römischen Antike unterhält. Wenn man über den Mut spricht, mit dem viele Leute unverdrossen weitermachen, obwohl der Staat versagt. Wenn man über Kreativität spricht, über Stil, Küche, Kunsthandwerk, Mode. All das gibt es zweifellos, es wäre dumm, das leugnen zu wollen. Und es hat auch nichts mit Nationalstolz zu tun, wenn ich das sage, denn die Art, wie unsere Museen, unsere Kunstschätze, unsere Monumente von der Politik als Propagandamittel missbraucht werden, liegt mir ganz und gar nicht.

Jetzt komm, du wirst schon wieder so streng.

Die Wahrheit ist: Ich fühle mich nur als Italiener, wenn ich nicht in Italien bin.

Vielleicht, weil du es satthast, in New York Pizza mit Ananas zu essen?

Genau! (*lacht*) Ja, sicher, die Küche trägt ihren Teil dazu bei, doch das romantische Bild vom Italiener mit dem Landkäse und der noblen, ein wenig heruntergekommenen Ästhetik scheint mir ziemlich überholt zu sein. Das Land ist sehr viel komplexer, als es meist dargestellt wird. Das war schon immer so. Es gibt so vieles, worauf man als Italiener stolz sein kann, wir sind in vielerlei Hinsicht unschlagbar, wir sind Spitzenreiter in Kunst, Kultur und Technik. Aber man kann sich nicht einfach mit der Geschichte eines Landes brüsten. Italo Calvino schreibt in seinem Buch *Die unsichtbaren Städte*: »... die Stadt spricht nicht von ihrer Vergangenheit, sie trägt sie in sich, wie die Linien einer Hand, eingezeichnet in die Ecken der Gassen, in die Gitter der Fenster, in die Handläufe der Säle, in die Blitzableiter, in die Fahnenmasten, jede Furchung ihrerseits wieder gezeichnet von Kratzern, Ausfransungen, Einschnitten, Verzerrungen.« Da hast du das ganze Italien: So, genauso ist es.

Trotzdem könnt ihr zum Beispiel viel unbefangener stolz sein auf euer Land als wir in Deutschland. Jahrzehntelang war das bei uns eher ein Kennzeichen der extremen Rechten, sie hatten diesen Claim »Ich bin stolz, ein Deutscher zu sein«. Das hat sich allmählich geändert. Ein Wendepunkt war die Fußball-WM 2006, auch wenn am Ende Italien gewonnen hat und nicht Deutschland. Damals hat sich das Land als Gastgeber weltoffen und lebensfroh gezeigt, Schwarz-Rot-Gold hatte für die meisten von da an nichts Bedrohliches mehr.

In dieser Hinsicht haben Deutschland und Italien ganz ähnliche Erfahrungen gemacht. Die Rechten haben den Stolz stets für sich vereinnahmt und mit der Ehre in einen Topf geworfen. Stolz und Ehre, das verbindet man in Italien vor allem mit dem Süden und mit der Mafia, mit dem Faschismus und mit ein paar

Auswüchsen von Fußball-Ultras. Und die italienische Flagge wurde immer nur auf Kundgebungen der Rechten geschwenkt. Die Linken, auch die Sozialdemokraten, haben sich oft für sie geschämt. Aber das hat sich geändert.

Du meinst, die Bedeutung der italienischen Flagge hat sich geändert?

Ja, und zwar aus einem einfachen Grund: Die Symbole der Linksradikalen und der Kommunisten haben ausgedient. Die Fahne der italienischen Kommunisten zeigte Hammer und Sichel auf rotem Grund, nur auf einem schmalen Streifen konnte man noch die italienischen Nationalfarben erahnen. Dabei war die italienische Flagge ursprünglich ein revolutionäres Symbol. Sie war die Flagge der Anhänger Mazzinis und Garibaldis und anderer Einheitsbewegungen. Für diese Freiheitskämpfer war die dreifarbige italienische Flagge ein Symbol wie die Tricolore für die französischen Republikaner.

Darf ich dich mit einem Italien-Vorurteil behelligen, das ich nicht abschütteln kann? Ich glaube, die Italiener sind wahnsinnig stolz auf ihr Land, komme was wolle. Und wehe jemand wagt es, etwas gegen Italien zu sagen! Dann können selbst die, die sonst am heftigsten auf das Land schimpfen, sehr empfindlich werden. Ich habe das selbst erlebt.

Es stimmt schon, was du sagst, wir reagieren überempfindlich auf Kritik, die von außen kommt. Seit einiger Zeit sind auch die Intellektuellen davon nicht ausgenommen. Bis vor ein paar Jahren war es kaum möglich, von nationaler Identität und Nationalstolz zu reden, ohne in linken Kreisen als Rechtsaußen zu gelten. Aber seit die Kritik an Italien aus dem Ausland lauter wird, schließen sich die Reihen. Ein sinnvolles Nationalgefühl müsste sich doch eigentlich so ausdrücken, dass man das eigene Land hoch schätzt, es voranbringen will und bereit ist, sich dafür einzusetzen. Aber viele Italiener schimpfen lieber auf ihr Land und machen es madig.

Dasselbe würden wohl auch 98 Prozent der Deutschen über ihre Landsleute sagen.

Entscheidend ist aber, ob man zusammensteht, wenn Gegenwind kommt. In Italien gelte ich regelrecht als Verräter und Verleumder.

In Deutschland gibt es dafür das Wort vom »Nestbeschmutzer«. Kennst du das?

Auf Italienisch gibt es so etwas nicht. Aber das ist ein treffendes Bild: ein Vogel, der das eigene Nest dreckig macht. Sehr interessant, man könnte das auf die Eulen rund um Renzi anwenden.

Das musst du mir genauer erklären.

Renzi bezeichnet seine Feinde als Gufi, also als Eulen, und er will damit sagen, dass sie immer schwarzsehen und Unheil bringen. Das hat natürlich in Wahrheit nichts mit der wirklichen Eule zu tun, sie ist ein großartiger Vogel, kann im Dunkeln sehen und ist ja auch ein Symbol der Weisheit. Für manche Leute besitzt sie auch beschützende und Glück bringende Eigenschaften, wie ein Amulett. Renzi richtet sich mit dem Wort an alle, die seiner Politik kritisch gegenüberstehen und seine Verdienste ignorieren. Das Wort leitet sich von gufare ab. Im Sport bedeutet das so viel wie dem Gegner Unglück an den Hals wünschen.

Das Perfide daran ist, dass das Bild mit den Eulen auch witzig ist. Undenkbar, dass Frau Merkel so etwas über Seehofer sagen könnte, ihren schärfsten Kritiker innerhalb der Koalition.

Nachdem Italien jahrzehntelang dem politischen Verfall und der Führungslosigkeit ausgesetzt war, reagiert das Land jetzt auf Neuerungen nur noch mit Misstrauen, Abwehr und Enttäuschung, nie mit Begeisterung. Aber Renzi hat den Fehler gemacht, jede Kritik an seiner Regierung als Angriff auf Italien zu deuten. Ich merke aber, dass du immer wieder voller Lob auf Merkel zu sprechen kommst. Schätzt du sie sehr?

Ja, aber nicht uneingeschränkt. Ihre folgenreichsten politischen Entscheidungen hat sie überhastet getrof-

fen, sie zu wenig erklärt und ohne jede Zustimmung der Bevölkerung durchgesetzt: den Ausstieg aus der Kernenergie, die Griechenlandhilfen und die Öffnung der Grenzen im September 2015. Besonders Letzteres hat zum Erstarken einer Rechten geführt, von der wir in der Bundesrepublik bis dato verschont geblieben waren. Und ihr Politikstil hat auch zu einer Entpolitisierung der öffentlichen Debatte geführt, weil über epochale Weichenstellungen, zumindest im Parlament, nie wirklich kontrovers diskutiert worden ist. Aber ich bewundere tatsächlich Merkels Talent zum Krisenmanagement und ihre Umsicht in der internationalen Politik. Sie ist, für viele Italiener schier unglaublich, völlig unbestechlich und frei von Eitelkeit, was auch die Führungskultur in Deutschland positiv beeinflusst hat. Aber auch unabhängig von Merkel wären hier Dinge unvorstellbar, die ich in der Ära Berlusconi von italienischer Seite her erlebt habe, und das empfinde ich als großes Geschenk.

Was hast du denn erlebt?

Es gab eine Zeitschrift für Italiener im Ausland, in der ein Journalist mich auf der Titelseite wie einen Verbrecher anprangerte und dazu aufforderte, meinen italienischen Pass zurückzugeben. Er war der Meinung, ich verdiente ihn nicht, weil ich Berlusconi kritisiert und damit Italien beleidigt hätte. Und ein veritabler italienischer Botschafter war sich nicht zu schade, zu mei-

nem Verleger nach Stuttgart zu fahren, um sich über die Berlusconi-kritische Berichterstattung des Tagesspiegel *zu beschweren, dessen Chefredakteur ich damals war.*

Dann hast du also auch schon etwas Ähnliches erlebt. Ich war kurz davor, meine Arbeit an den Nagel zu hängen, weil ich diese persönlichen Angriffe einfach nicht mehr ertrage. Die Leute halten mich auf der Straße an, weil sie mich im Fernsehen gesehen haben, und sagen: »Du hast die ganzen Morde auf dem Gewissen! Wegen deiner Fernsehserie und deinen übertriebenen Geschichten! Du hast die Mörder angestiftet!«

Sind das Leute, die der Camorra nahestehen?

Nein, ganz und gar nicht. Das ist ja das Schlimme. Es handelt sich um redliche Leute, die sich von allem und jedem schlecht behandelt und ausgenutzt fühlen.

Jetzt klingst du schon wieder so hoffnungslos, verletzt und resigniert. Es tut richtig weh, dich so zu erleben.

Ich höre aber nicht auf, Bücher zu schreiben, ich nehme an den Debatten teil und schreibe Zeitungsartikel. Ich habe mich nicht kleinkriegen lassen, trotz allem. Soweit ich kann, versuche ich immer noch, etwas zu tun. Vor nicht langer Zeit hat ein Junge mir auf Facebook eine witzig gemeinte, aber in Wirklichkeit ziemlich erschreckende Nachricht geschrieben: »Roberto, es gibt nur einen Weg, um deine vielen angeblichen Sünden aus der Welt zu schaffen: Du musst sterben. Dann werden sie alle sagen, du seist ein großes Vorbild zum Nachahmen.« So geht das immer. Als Galileo Galilei den *Sidereus Nuncius* herausbrachte, schickte Sir Henry Wotton, damals englischer Botschafter in Venedig, König Jakob I. von England ein Exemplar von Galileis Schrift, und zwar mit den Worten: »Der Verfasser dieses Buches riskiert, entweder außerordentlich berühmt zu werden oder sich außerordentlich lächerlich zu machen.« Wenn ich ein Buch schreibe, habe ich immer noch die Hoffnung, dass auch mir eines dieser beiden Schicksale zuteilwird. Es ist immer das gleiche Kunststück: Entweder es gelingt einem, die allgemeine Sicht auf eine Sache zu erschüttern, oder man bricht sich beim Versuch die Flügel. Immer ist es ein Schritt, durch den du entweder eine Scheinwahrheit zum Einsturz bringst oder dich der Lächerlichkeit preisgibst.

Galilei wurde ja in der Tat ziemlich ausgelacht wegen seines Traktats.

Er wurde gezwungen abzuschwören. Ein wichtiger Philosoph jener Zeit, Giambattista Della Porta, schrieb aus Neapel an Federico Cesi, den Gründer der Accademia dei Lincei (*eines der namhaftesten naturwissenschaftlichen Institute Italiens*): »Del secreto dell'occhiale l'ho visto et è una coglionaria.« *(Sinngemäß, und noch vornehm ausgedrückt: »Das Fernrohr, um das so ein Geheimnis gemacht wird, habe ich gesehen, und es ist ein Schmarrn.«)* Obendrein noch bezichtigte er ihn des Plagiats. Entdeckungen von der Tragweite wie der des Galilei verändern nicht nur die Welt, wie wir sie kennen, sondern auch unser ganzes Verhältnis zu ihr.

Wusstest du, dass der von dir so bewunderte Autor Curzio Malaparte seiner damals noch jungen Kollegin Oriana Fallaci etwas ganz Ähnliches gesagt haben soll wie der Junge auf Facebook, von dem du gerade erzählt hast? Malaparte erklärte ihr: »In Italien wird man Sie auf den Tod nicht ausstehen können. So wie mich.« Und als die Fallaci nachfragte, warum, da antwortete Malaparte: »Weil man in Italien, wenn man gut ist und akzeptiert werden will, erst einmal in einem Sarg liegen und unter einer Zypresse begraben sein muss.« So jedenfalls berichtet es die Fallaci-Biografin Cristina De Stefano.

Du kannst sicher sein: Wenn man mich ermorden würde, so würden dieselben Leute, die mich heute beschimpfen, versichern, wie nah ich ihnen stand und wie solidarisch sie sich mit mir fühlen. Es ist immer dasselbe Drehbuch.

Glaubst du wirklich, man wird dich eines Tages ermorden?

Ich muss jedes Mal fast lächeln, wenn von meiner Ermordung die Rede ist ...

Lächeln?

Ich musste schon so oft darüber reden ... Ich bin 38 Jahre alt, aber ich spreche öfter über meinen Tod als ein alter Mann, der im Begriff ist, sich einen Platz auf dem Friedhof zu kaufen. Jedenfalls aber hat das, was ich getan habe, die Wahrnehmung der Camorra zutiefst verändert. Es gibt Leute, die behaupten, sei's nun zu Recht oder Unrecht, es hätte sogar in einem gewissen Sinn den Gang der Justiz verändert. Ich kann mir nicht vorstellen, dass sie mir das einfach so verzeihen werden: »Schwamm drüber, du kannst gehen?« Nein. Ich glaube aber auch, dass die, die mir übelwollen, vor mir sterben werden. Kurz, es wird alles recht kompliziert, wenn man über den eigenen Tod sprechen soll, nicht wahr? Tun wir so, als könnte ich ihn ein paar Augenblicke lang vergessen.

Glaubst du, momentan in akuter Gefahr zu sein?

Es ist eben recht kompliziert, das zu erklären. Das Leben eines Menschen ist wie eine Aktie, mal steht es hoch im Kurs, mal niedrig. Jemanden umzubringen, der im Licht der Öffentlichkeit steht, Begleitschutz hat und abgeschirmt wird – das macht einen Höllenlärm. Es kann nützlich sein, aber man muss wissen, was das nach sich zieht. Ich rede jetzt auch von Menschen, die im Ausland keiner kennt. Hast du schon einmal etwas von Domenico Noviello gehört?

Nein.

Er leitete eine Fahrschule in Castel Volturno. Die Mafia hat erst Schutzgeld von ihm verlangt, dann wollten sie die ganze Fahrschule haben, aus mehreren Gründen. Erstens haben sie damit die Kontrolle über die Führerscheine und können sie fälschen. Zweitens kann man allen 18-Jährigen, die einen Führerschein wollen, die Stimmen abkaufen. Als sie ihm die ganze Fahrschule abnehmen wollten, ging Noviello zur Polizei und zeigte sie an. Er lebte dann zehn Jahre lang unter Polizeischutz.

Und in diesen zehn Jahren ist ihm nichts passiert?

Im elften Jahr haben sie den Polizeischutz eingestellt. Kaum war die Eskorte weg, haben sie ihn umgebracht. Alle dachten, sie hätten ihn längst vergessen, es war ja so viel Zeit vergangen, aber ...

Glaubst du, dass die Mafia jemals etwas vergisst?

Sie vergisst niemals. Noviello hat den Fehler begangen, in seinem Heimatort zu bleiben. Sie hätten ihn vielleicht in Ruhe gelassen, wenn er nach Mailand, Österreich oder Slowenien gegangen wäre. Dort einen Mord zu organisieren, wäre sehr viel schwieriger gewesen und hätte auch viel weniger Symbolkraft gehabt. Das hat alles seinen festen Platz in der Semantik der Mafia.

Im Gegensatz zu Noviello kannst du ins Ausland gehen, wann immer du willst.

Ja, und ich verbringe viel Zeit in Amerika, wo ich an einer Universität lehre und mich einigermaßen frei bewegen kann. Ich gehe in die Länder, die mir Gastrecht gewähren, aber das ist nicht immer ganz einfach. Einige bieten mir großzügig Schutz an, andere wollen, dass ich mir eine neue Identität zulege, wieder andere zerren gleich an mir mit der Frage, ob ich nicht diesen oder jenen Politiker treffen möchte. Wenn man ein fremdes Haus betritt, dann spürt man doch, ob die Leute, die darin wohnen, einen wirklich willkommen heißen oder ob sie nur der Etikette Genüge tun, nicht wahr? Siehst du, so ist es auf allen Ebenen. Jedes Land ist letztlich ein solches Haus. Da gibt es dann die, die sagen: »Komm wieder, wann immer du willst«, und du weißt: Sie meinen es ernst. Dann gibt es andere, die dich wärmstens empfangen, dich vielleicht sogar an einen festlich geschmückten Tisch voller Köstlichkeiten setzen, aber du weißt, nach spätestens einer Stunde solltest du wieder verschwinden. Genauso geht das. Trotz der praktischen Schwierigkeiten mag ich es sehr, mich mit Lesern, Freunden, Kollegen zu treffen, und die Wärme, die mir mein Publikum entgegenbringt, gibt mir auch in den trübseligen Momenten neue Kraft. Mit den »Hausherren«, nennen wir sie mal so, ist das schwieriger.

»Das war ein Massaker«

Über Renzis Referendum und die Erfolge der Populisten

Im Dezember 2016 ist Matteo Renzi zurückgetreten, nachdem er beim Verfassungsreferendum eine Niederlage einstecken musste. Paolo Gentiloni ist sein Nachfolger. Wie hast du beim Referendum abgestimmt?

Gar nicht.

Gar nicht?

Ich wollte mit meiner Enthaltung deutlich machen, dass ich die Dramatisierung und Verschärfung rund um dieses Referendum ablehne. Weder wäre Italien zu einem autoritären Regime verkommen, wenn der Senat abgeschafft und das Wahlrecht verändert worden wären, noch wird das Land jetzt zusammenbrechen, weil die Mehrheit dagegen gestimmt hat. Was hast du denn gewählt? Ach, ich kann's mir schon denken ...

Was du alles weißt ... Eigentlich verrate ich nie, was ich wähle, weil ich mich als Journalist dem Verdacht der Befangenheit aussetzen könnte.

Aber du hast doch auch mich gerade danach gefragt ...

Na gut: Ich habe mit Ja gestimmt.

Wusst' ich's doch.

Aber du kennst vielleicht meine Gründe nicht. Ich habe es nämlich ohne die in Italien übliche Heilserwartung getan, wohl wissend, dass derartige Reformen Risiken bergen und Renzis Plan nicht gerade meisterlich zu Ende gedacht war. Aber ich habe eben auch die Kehrseite von Renzis Scheitern gesehen: Was passiert, wenn diese Regierung fällt? Und wird es in den nächsten Jahrzehnten noch einmal jemand wagen, grundsätzlich etwas am System zu verändern, wenn dieser Versuch so schiefgegangen ist?

Ich kann dich verstehen, aber ich sage dir: Dieses Referendum auf diese Weise durchzuziehen, das war ein Massaker. Und die Lage, in der wir uns jetzt befinden, ohne ein akzeptables Wahlgesetz, haben wir uns durch die Gewissenlosigkeit der vergangenen Monate eingehandelt.

Ich frage mich aber: Ist den Italienern ihre prekäre wirtschaftliche Lage bewusst? Interessiert dich die Wirtschaft?

Aber natürlich, ich habe das studiert.

Dann weißt du besser als ich: Italien hat eine Verschuldung in Höhe von 133 Prozent des Bruttoinlandsprodukts, in absoluten Zahlen sind das 2,2 Billionen Euro. Der Euro-Rettungsschirm hält dagegen nur Reserven in Höhe von 500 Milliarden Euro bereit. Die faulen Kredite der italienischen Banken belaufen sich auf etwa 360 Milliarden Euro. Und die Italiener tun so, als seien Merkel oder die EU daran schuld. Das Gegenteil ist doch der Fall: Merkel hat bei Renzi beide Augen zugedrückt, und die Zinspolitik der EZB hilft Italien sehr.

Alles richtig, aber die Leute sehen das anders. Sie sehen, dass ihre eigene Lage schlecht ist und es auf der anderen Seite immer noch Leute in Italien gibt, die mit Jachten umherfahren, atemberaubende Villen besitzen und fetten Wohlstand genießen. Um die Sache auf den Punkt zu bringen: Schuld an alldem ist die schlechte Verteilung der Reichtümer. Für die Misere der Großbank Monte dei Paschi di Siena zum Beispiel machen die Leute zu Recht die Banker und die italienische Politik verantwortlich, Merkel hat damit nichts zu tun. Vielleicht seid am Ende auch ihr Deutschen ein wenig überempfindlich.

Finde ich nicht. Aber warum hat Renzi eigentlich das Referendum verloren?

Mit einer so drastischen Niederlage hat er nicht gerechnet, vor allem nicht im Süden und auf den Inseln

(Sardinien und Sizilien), die ausschlaggebend sind. Der Grund dafür ist: Die Leute haben den Eindruck, sie kommen nie mehr heraus aus der Krise. Sie haben bei dieser Wahl gar nicht für oder gegen die Reform gestimmt, sie stimmten für den Protest. Das ist die Botschaft. Renzi hat sein Versprechen, das System zu verschrotten, nicht eingehalten. Tatsächlich marschierte er am Ende Arm in Arm mit Leuten, die das alte System geradezu verkörperten, mit den alten Methoden, den alten Wahlpaketen, den alten Sprachregelungen. Renzi hat im Wahlkampf dann sogar ein altes Lieblingsthema von Berlusconi aufs Tapet gebracht, nämlich die Brücke über die Meerenge von Messina, die Sizilien mit Kalabrien verbinden soll.

Diese Brücke, von der die Zeitung Il Fatto Quotidiano *gesagt hat, sie würde endlich die kalabrische 'Ndrangheta mit der sizilianischen Mafia verbinden.*

Genau. Obwohl ich nicht grundsätzlich gegen Großprojekte bin, ist es einfach nicht angebracht, solche Themen in einen Wahlkampf einzubringen. Wenn du unbedingt darüber reden willst, so musst du das weitab von den Wahlurnen tun. Eine solche Debatte kurz vor einer Volksbefragung anzustrengen, bedeutet, den Wählern Honig um den Bart zu schmieren, als würde man sagen: »Wählt mich! Ich bringe euch haufenweise Zement und Geld!«

Was hat Renzi dazu bewogen, das Referendum mit seinem politischen Schicksal zu verknüpfen? War das jugendlicher Leichtsinn oder Größenwahn, wie bei Cameron, als er den Brexit zur Wahl stellte?

Anfangs war da sicher ein gewisser Leichtsinn mit im Spiel, Renzi ist ja noch recht jung. Aber ich kann, ehrlich gesagt, auch nicht sehen, wie er das Referendum nicht an sein Schicksal hätte knüpfen sollen, da es ja nun mal das Ergebnis seiner Regierungsarbeit war.

Bei seinem Amtsantritt war er 39 Jahre alt, ein Jahr älter als du heute, obwohl du natürlich viel weiser wirkst als er ...

Ich glaube, Renzi wollte in gewisser Weise sein Gewicht ausloten: Er hatte sich bis dahin nie einer Wahl gestellt, und deshalb sah er die Notwendigkeit, das Referendum zu einer Art Abstimmung über seine Person zu machen. Und jetzt tröstet er sich seit Monaten mit Überlegungen wie: Am Anfang schienen doch alle gegen mich zu sein, Rechte wie Linke, Alte und Junge, und dann haben doch 40 Prozent »für mich« gestimmt, so sieht er das. Die 40 Prozent scheinen ihm eine solide Basis für ein Comeback zu sein. Dann war da seine Rücktrittsrede, die von heute aus gesehen ganz anders wirkt als damals ...

... weil er inzwischen sein Comeback tatsächlich organisiert. Was sagte er denn damals im Besonderen?

Es war unmittelbar nach seiner Niederlage, eine menschliche, sehr persönliche Rede, und zum ersten Mal in der neueren Geschichte Italiens sagte einer, ohne zu zögern: »Ich habe verloren.« Aber die Taten, die er und auch Maria Elena Boschi dem folgen ließen, haben seine Worte Lügen gestraft.

Jetzt, während wir uns dem Ende unseres Gesprächs nähern, herrscht in Italien eine Übergangsregierung. Maria Elena Boschi, eine der engsten Vertrauten von Renzi, hat ihren Ministerposten verloren, bekleidet aber als Untersekretärin im Präsidium des Ministerrats immer noch ein hohes Amt in der jetzigen Regierung. Renzi ist über eine Urwahl wieder zum Parteivorsitzenden der Sozialdemokraten gewählt worden.

Beide haben versprochen, die Politik zu verlassen, und das haben sie nicht getan.

Aber ist es nicht legitim, es sich anders zu überlegen?

Absolut. Aber man muss lernen, keine sensationellen Ankündigungen zu machen, nur um sich damit beliebt zu machen. Solche Erklärungen bleiben heutzutage in den Online-Seiten stehen und sind ganz leicht abrufbar. Wenn du es dir anders überlegst, dann musst du erklären, warum, und nicht einfach so tun, als hättest du nie etwas dergleichen geäußert.

Sind diese politischen Manöver nicht Wasser auf die Mühlen der Populisten? Sie können jetzt in aller Ruhe ihre Sprüche klopfen, nämlich, dass es immer nur darum gehe, an der Macht zu bleiben, und dass schon wieder die üblichen »ladri« regierten, die Diebe.

Ja, das stimmt, die Populisten haben dadurch mächtig Aufwind bekommen. Boschi hat Renzi sehr geschadet, sie ist im Guten wie im Schlechten so etwas wie das Symbol des Scheiterns bei diesem Referendum, da sie als Reform-Ministerin ja zuständig war. Auch dadurch entsteht der Eindruck, dass dieses Land immer wieder von den gleichen Leuten regiert wird, und das hilft den populistischen Parteien wie Salvinis Lega Nord, aber auch der Cinque-Stelle-Bewegung.

In Deutschland hat man noch nicht einmal recht verstanden, ob es sich bei den Fünf Sternen um eine rechte oder eine linke Bewegung handelt.

Mein Freund Michele Santoro ...

... einer der berühmtesten und innovativsten italienischen Talkmaster, der von Berlusconi vorübergehend kaltgestellt wurde und sich immer die brisantesten Themen ausgesucht hat ...

... Santoro meint, die Cinque Stelle seien rechts, eine »astreine Rechtspartei«. Und über Grillo äußerte er sich in der Tageszeitung *Il Foglio* mit den Worten:

»Grillo ist Macht, ist Partei, ist Politik. Er tut nur so, als sei er das alles nicht, er verbirgt seine wahre Natur, will anders erscheinen. Ein Heuchler. So, wie er in abgenutzten Jeans auftritt, aber in der Garage seiner Villa einen Ferrari stehen hat und seine philippinischen Hausangestellten am Telefon sagen lässt: ›Der Hausherr ist nicht da.‹ Mit Leuten wie ihm kann man keine Debatten führen, du stellst ihnen Fragen, und sie antworten mit dem Knüppel und mit Beleidigungen.«

Teilst du diesen Befund?

Nicht ganz. Ich glaube nicht, dass diese Bewegung wirklich von rechts kommt. Sie hat ein paar nationalistische und konservative Züge, aber auch Eigenheiten, zum Beispiel ihre Auftritte auf den Piazze, ihre Art, mit den Wählern zu kommunizieren, die nichts mit »rechts« zu tun haben, aber auch nicht mit »links«. Sie sind anders. Sie vermeiden Zusammenstöße, zumindest solche physischer Art, sie haben eine Struktur, die denen von religiösen Gruppierungen vergleichbar ist, in der Flüchtlingskrise vertreten sie Ansichten ähnlich wie die Rechten, dann aber fordern sie wiederum das bedingungslose Grundeinkommen. Sie entziehen sich den bekannten Kategorien. Nicht wenige Menschen haben anfangs geradezu mit geschlossenen Augen in das Unternehmen von Grillo und Casaleggio (*dem verstorbenen Internet-Unternehmer und Mitbegründer der Fünf Sterne, Gianroberto Casaleggio)* eingeheiratet, um dann, sei's freiwillig oder gezwungenermaßen, mit einem Riesenkrach und endlosen Streitereien wieder auszutreten, nachdem sie gemerkt haben, wie es dort zugeht. Ein wenig vereinfachend könnte man sagen: Alle wissen, was die Cinque Stelle hassen, aber kaum jemand weiß, was sie lieben, was sie erreichen möchten, welche Alternativen sie zu bieten haben.

Sie wollen ein Referendum, durch das entschieden werden soll, ob Italien in der Euro-Zone bleibt ...

... ich hoffe, zu dieser Scheußlichkeit wird es nie kommen.

... und manchmal haben sie eine sehr grobe, beleidigende Sprache, wie die Lega Nord.

Das stimmt, sie sonnen sich geradezu in ihrer Authentizität, sie benutzen niemals die hochgestochene Sprache des Establishments, der man unterstellt, sie wolle die Fakten verschleiern. Von daher stammt der Hass auf die correctness. Ich weiß, wovon ich rede, denn ich gelte geradezu als ein Symbol der Political Correctness, weil ich mich zum Beispiel für die Rechte der Schwulen einsetze. Der Vorwurf ist absurd.

In den Städten, wo die Cinque Stelle tatsächlich Verantwortung übernehmen, sind die Ergebnisse oft doch enttäuschend. Der Bürgermeister von Parma, ein eigentlich fähiger Mann, ist verbittert aus der Partei aus-

getreten. Und in Rom steckt die neue, international beachtete junge Bürgermeisterin Virginia Raggi wieder in genau demselben Sumpf fest, mit dem auch ihre Vorgänger zu kämpfen hatten: in Skandale verwickelte Mitarbeiter, dubiose Berater, das Chaos bei der Müllentsorgung.

Stimmt alles, aber bisher schadet das der Bewegung nicht. Es reicht, dass sie am anderen Ende des Tisches sitzt und nichts mit der alten Riege zu tun hat.

So wie in den USA Donald Trump die Ausfälle und Enthüllungen nicht geschadet haben? So wie der AfD in Deutschland die personellen Querelen bislang wenig anhaben konnten?

Genau so. Italien war ja immer wieder mal eine Art Laboratorium für den Rest der westlichen Welt.

Spielst du auf den Faschismus an?

Ja, aber auch auf den Eurokommunismus, der in einem gewissen Sinn die spätere Annäherung zwischen Sozialdemokraten und Kommunisten vorbereitet hat. Und Berlusconi ist ein Vorläufer von Trump.

Meinst du, dass Trump wegen seiner vielen Fernsehauftritte ein Nachfolger Berlusconis ist? Oder weil die Leute bei ihm, wie auch schon bei Berlusconi, denken, wenn einer in der Wirtschaft so erfolgreich ist, dann kann er auch ein Land gut regieren?

Aus all diesen Gründen. Aber was Trump und Berlusconi darüber hinaus verbindet, sind die Grobheit ihrer Sprache und ihr Reichtum. Um es genauer zu sagen, möchte ich ein Schlagwort zitieren, das man in New York hören kann: »Trump ist die Verkörperung eines Reichen, wie ihn sich die Armen vorstellen.« (*lacht*) Und du wirst sehen: Dieser Populismus wird weiterhin überall Erfolg haben, auch bei euch in Deutschland.

Nein, das wird er nicht. Die sozialen Bedingungen sind anders, viele Wähler und auch Politiker widert die Verrohung der Auseinandersetzung an. Unsere Diskussionskultur ist vergleichsweise zivilisiert, und vielleicht ist das System bei uns auch lernfähiger.

Schön, dass du so großes Vertrauen in dein Land setzt, ich hoffe, du hast recht damit. Tatsächlich besitzt ihr zwei Schutzschirme: die Erfahrung mit dem Kommunismus und, noch davor, die mit dem Nationalsozialismus. Ihr Deutschen habt euch sehr tief und gründlich mit diesen beiden Diktaturen auseinandergesetzt. Das ist vielleicht sogar der entscheidende Unterschied zu Italien. Aber nach dem Anschlag auf den Weihnachtsmarkt in Berlin ist auch bei euch einiges ins Schleudern geraten, oder nicht?

Ja, das Attentat war ein Schock, auch wenn seit Jahren darüber geredet worden ist, dass so etwas kommen würde. Die politische Diskussion findet jetzt natürlich vor dem Hintergrund der vielen Hunderttausend Flüchtlinge statt, die Deutschland aufgenommen hat. Und es hat sich nach dem Anschlag auch etwas gezeigt, das in Italien nur schwer vorstellbar wäre: Die deutschen Strafverfolger sind offenbar zu gutmütig. Der Attentäter Anis Amri bewegte sich monatelang frei durch Deutschland, obwohl er abgeschoben werden sollte, mit Drogen dealte und wegen Sozialbetrugs aufgefallen war, obwohl er als Gefährder galt und unter Observation stand. Warum ist Italien eigentlich bislang nie Opfer eines größeren islamistischen Anschlags geworden, obgleich das Land die erste Anlaufstelle für so viele Flüchtlinge ist, auch kriminelle, wie sich im Fall Amri gezeigt hat, der ja zuerst in Italien war?

Du sagst, eure Strafverfolger seien »zu gutmütig«: Das ist auch dem Stolz auf dein Land zuzuschreiben, den man dir anmerkt. Ein anderer würde sagen: »inkompetent«. Wenn in Italien zum Beispiel ein Richter einen Kriminellen laufen lässt, der dann gleich danach ein Verbrechen begeht - und das kommt häufig vor -, dann wird er wegen Inkompetenz beschuldigt, auf keinen Fall wegen »zu viel Gutmütigkeit« ...

... der Punkt geht an dich!

Tatsächlich ist Italien zurzeit das erste Ziel für sehr viele Flüchtlinge, es ist eine Art Verteilungszentrale. Wer die Route über das Meer nimmt, landet in Italien, um hierzubleiben oder in ein anderes Land weiterzureisen. Es wäre reine Dummheit, eine solche Anlaufstelle und Verteilungszentrale durch einen Anschlag zu belasten. Vielleicht ist das der Grund oder zumindest einer der Gründe, weshalb in Italien bisher nichts wirklich Schlimmes passiert ist.

Und dann gehen die italienischen Ermittler nicht gerade zimperlich mit Verdächtigen um, zuweilen brutal.

Wenn du den Begriff »brutal« in einem absoluten Sinn verstehst, also im Hinblick auf die Menschenrechte der Festgenommenen, dann gibt es da schon immer wieder Grund zur Kritik. Ich denke dabei etwa an den Fall Stefano Cucchi, einen jungen Mann, der 2009 von ein paar Carabinieri zu Tode geprügelt wurde - die dann im Prozess von ihren Kollegen gedeckt wurden. Wenn wir die Methoden der italienischen Polizei mit denjenigen der anderen Länder vergleichen, dann kann man sie sicherlich nicht brutal nennen. Ich meine, im Vergleich zur amerikanischen Polizei oder der brasilianischen, französischen ...

Gibt es denn für dich gar kein Gegenmittel, um den Aufstieg des Populismus überall auf der Welt zu stoppen?

Es wird jedenfalls schwer. Denn erstmals seit Generationen gibt es für niemanden mehr die Gewissheit, dass es den Kindern und Enkeln einmal besser gehen wird als einem selbst und dass die ganze Arbeit also einen Sinn und ein Ziel hat. Die Leute denken heute sogar das Gegenteil, nämlich, dass es den Kindern und Enkeln schlechter gehen wird. Diese Aussicht ist ein Brandbeschleuniger, durch sie ist die Überzeugung gewachsen, man müsse radikal mit allem Überkommenen brechen, auch wenn das zunächst einen Verlust bedeutet. Aber es ist ja auch etwas dran: Man muss den Weg zur Glaubwürdigkeit zurückfinden. Es geht um Transparenz und mehr Bescheidenheit, das Personal müsste ausgewechselt werden, der Korruption und dem Klientelismus müssten entschieden ein Ende gesetzt werden, die Dinge müssten wirklich erledigt werden, mit Taten und nicht bloß mit Worten, und die geheimen Verschwörungen zum Zweck des Machterhalts müssten ein für alle Mal gesprengt werden ... die alten Seilschaften ....

... da ist sie wieder, diese typisch italienische Krankheit, überall Verschwörungen zu vermuten. Wir haben ja schon darüber gesprochen.

Der Charakter eines Menschen formt sich durch das, was er erlebt, und dasselbe gilt für eine ganze Bevölkerung. Die Geschichte und auch die Gegenwart scheinen uns zu sagen, dass es sich genauso verhält. Vielleicht ist das, was ihr für ein Vorurteil haltet, eine besondere Klugheit, die mit der Zeit gereift ist, wie Wein oder wie alter Käse.

Es gibt einen wunderbaren Satz, der Rüdiger von Nitzsch zugeschrieben wird, einem Professor für Betriebswirtschaft aus Aachen. Der Satz lautet: »Plausibilität ist einer der größten Feinde der Wahrheit.«

Ja, das ist gut, leider. Das schreib ich mir gleich mal auf.

Ein Skype-Gespräch zum Schluss

Lieber Roberto, ich habe mir unser gesamtes Manuskript noch mal genau durchgelesen. Und ich frage mich, was von deiner italienischen Identität übrig geblieben ist. Ich bin vor 47 Jahren aus Italien weggezogen, aber in manchem fühle ich mich dem Land anscheinend verbundener als du.

Komm, das ist doch nur natürlich, du bist eben nostalgisch, mir aber brennt Italien unter den Nägeln. Mit der Distanz gewinnen die Dinge an Attraktivität. Das ist ja auch bei den zwischenmenschlichen Beziehungen so. Aber mal im Ernst: Es gibt einen Haufen Dinge, die ich an Italien liebe. Würde ich Italien gar nicht lieben, würde ich doch auch nicht dermaßen kämpfen gegen das, was das Land zerstört. Dann wäre mir das egal. Ich liebe die Leute, ich bin angerührt von der Schönheit eines Caravaggio-Bildes, von der Harmonie eines italienischen Innenhofs, vom Licht, vom Himmel, vom Sinn fürs Ästhetische, der hier immer noch ausgeprägter ist als in jedem anderen Land der Welt. Und ich bin stolz auf das alles.

Ja, sicher, geht mir auch so. Aber das Italienische in mir ist auch durch ganz banale Sachen geprägt worden. Ich weiß gar nicht, ob man dir als Intellektuellem damit kommen kann ...

Jetzt sag schon ...

Das fängt mit den Fußballvereinen an. Dem allerersten Klub bleibt man ein Leben lang treu ...

Und daher bist du noch immer für Juventus Turin?

Ja! Obwohl diese Mannschaft in Italien ähnlich beliebt ist wie in Deutschland der FC Bayern. Und du? Hast du dich je für Fußball interessiert?

Ich bin ein Fan des SSC Neapel. Ich weiß, was Diego Maradona dieser Stadt bedeutet hat. Dieser kleinwüchsige argentinische Fußballer hat unser Selbstbewusstsein ungeheuer gestärkt – obwohl er Verbindungen zum übelsten Teil dieser Stadt hatte, auch zur Camorra.

Hast du ihn persönlich kennengelernt?

Nein, aber seinem Landsmann Lionel Messi bin ich begegnet.

Wie war das?

Messis Entourage muss ihm wohl gesagt haben, wer ich bin, aber das hat er offenbar falsch verstanden. Aus einer seiner Bemerkungen habe ich jedenfalls geschlossen, dass er dachte, ich gehörte in irgendeiner Form zur Mafia. Das hat ihn neugierig gemacht. Wahrscheinlich war er enttäuscht, als er dann gemerkt hat, dass ich für das genaue Gegenteil stehe. *(lacht)*

Ich fühle mich Italien oft auch auf eine ziemlich pathetische, sentimentale Weise verbunden. Ich kann zum Beispiel den Gefangenenchor aus Verdis Nabucco *oder auch den alten Gassenhauer der Partisanen* Bella Ciao *nicht hören, ohne zu Tränen gerührt zu sein. Und wenn irgendwo die Musik von Lucio Battisti läuft, dann habe ich das Gefühl, ich würde einem Soundtrack lauschen, der das Land und mein Leben mindestens zwei Jahrzehnte lang begleitet hat. Außerdem sind da die italienischen Filme, die so sehr auch eine ästhetische Prägung widerspiegeln, dass sie Teil meiner Identität geworden sind: die Schwarz-Weiß-Filme des Neorealismus, Fellinis* Amarcord*, Viscontis historische Stoffe mit ihren überwältigenden Ausstattungen, die Bildsprache von Michelangelo Antonioni.*

Verstehe. Auch ich hänge immer noch an ein paar alten Liedern, und ich bin immer noch fasziniert von den Filmen von Francesco Rosi, der Eleganz von Mastroianni, aber auch vom musikalischen Genie eines Claudio Abbado ...

Und dann gibt es die Bücher, die in jungen Jahren so wichtig waren – von den Gedichten Pascolis oder Un-

garettis über I Promessi Sposi *von Alessandro Manzoni bis hin zu* Der Leopard *von Giuseppe Tomasi di Lampedusa, und nicht zu vergessen:* Pinocchio *von Carlo Collodi! Habe ich siebenmal gelesen ...*

Auch das kann ich verstehen. Mich haben aber eher andere Bücher geprägt, zum Beispiel *Ist das ein Mensch?* von Primo Levi, *Gente in Aspromonte* von Corrado Alvaro, dann die Bücher von Ignazio Silone, Gaetano Salvemini, Carlo Levi ...

Was mich am stärksten geprägt hat, war das, was ich an Kunst und an Kulturlandschaft seit frühester Kindheit mitbekommen habe. Ich habe mich schon dabei erwischt, dass ich zur früheren Art-Direktorin bei der ZEIT *gesagt habe: »Ich will da ein Grün oder ein dunkles Rosa haben wie auf den Gemälden von Piero della Francesca!« Das ist natürlich eine irre Anmaßung. Weißt du übrigens, was ich dir ganz hoch anrechne? Dass du mir nie die Frage gestellt hast, die mich seit meiner Kindheit verfolgt und die ich hasse.*

Jetzt bin ich aber gespannt.

»Fühlst du dich mehr als Deutscher oder mehr als Italiener?« Wie und was soll man darauf bloß antworten? Es ist ein hoffnungsloses Durcheinander! Als Kind erscheint einem das eher schrecklich, weil man einfach nur so sein möchte wie alle anderen auch. Später

merkt man dann, dass diese doppelte nationale Identität auch ein paar gute Seiten hat.

Und wie ist das bei deiner Tochter? Mit einer deutschen Mutter und einem halb italienischen Vater? Hat sie noch ein Gefühl für ihre italienischen Wurzeln?

Ja, schon allein deshalb, weil sie einen Großvater hat, der in Rom wohnt, und eine Urgroßmutter, die in Rimini lebt. Aber sie spricht nur sehr wenig Italienisch, was allein meine Schuld ist. Und das schmerzt mich. Ich bin natürlich gespannt, wie sie später einmal damit umgehen wird. Bislang gibt es nur einen Punkt, bei dem sie mit ihrer italienischen Identität angibt. Immer dann nämlich, wenn sich deutsche Erwachsene wundern, dass sie am Abend noch auf den Beinen ist. Dann erklärt sie: »Du weißt vielleicht nicht, dass ich Italienerin bin!«

Kann ich dir sagen, wie man hier deine italienische Seite sieht?

Nur zu, ich bin Kummer gewohnt.

Du bist natürlich der »Deutsche«, aber vor allem, was deinen Beruf betrifft, schaut man mit einem gewissen Stolz auf dich, weil du dich im Ausland so gut durchgesetzt hast. Zugleich aber bist du uns ein bisschen unheimlich.

Warum das denn?

Du bist genau, du bist pünktlich, ordentlich, vor allem aber: Wenn du Interviews führst, legst du großen Wert darauf, dass deine Gesprächspartner auch eine Antwort geben, die zur Frage passt. Das kennen wir so nicht. In Italien gibt man ein Stichwort, und der andere setzt zu einem Monolog an. Du aber hakst nach und noch mal nach.

Oh Gott, ich verstehe: Ich bin die sprichwörtliche deutsche Nervensäge.

Ja, schon. *(lacht)* Und trotzdem hast du ein gehöriges Maß an Italianità. Damit meine ich jetzt nicht nur dein Aussehen, deine Art zu sprechen und deine Art, dich zu kleiden. Ich meine etwas anderes: Die Angelsachsen, und soweit ich es beurteilen kann, auch die Deutschen, gehen in ihrer Karriere oft strategisch vor. Sie überlegen, wie sie von A nach B kommen, sie schulen sich, schmieden Bündnisse, sie wägen ihre Worte und Auftritte. Die Italiener dagegen reagieren eher situativ, im Guten wie im Schlechten. Bei dir habe ich nie beobachten können, dass du dich verstellst, um ein bestimmtes Ziel zu erreichen, oder ich habe es einfach nicht bemerkt.

Da muss ich noch drüber nachdenken. In der Zwischenzeit ist mir aber eingefallen, wie ich meine unterschiedliche Bindung zu Deutschland und Italien am ehesten beschreiben kann: Mein Verhältnis zu Ita-

lien ist leidenschaftlicher, hitziger, wie in einer heftigen Liebe. Ich ärgere mich schnell, aber manchmal bin ich auch von Begeisterung entflammt. Das Verhältnis zu Deutschland gleicht dagegen einer guten Ehe: vertrauensvoll, stabil, voll gegenseitiger Wertschätzung. Rate mal, wovon man im Leben mehr hat ...?

Von der Geliebten.

Unsinn, das ist eine typisch italienische Antwort: Es ist natürlich die gute Ehe!

Am Ende aber sind doch alle einzigartig, die Individuen ebenso wie die Völker. Auf dem kleinen Schild, das ich um den Hals trage, steht geschrieben: »Nihil humani a me alienum puto«, nichts Menschliches ist mir fremd. Unsere Kultur besteht aus Blut und Stein, es rinnt und sprudelt zwischen den Felsen. Niemand kann sie ganz erfassen, vielleicht nur einer, der jahrelang diese Gewässer befahren hat. Doch alle, alle, sehen das Majestätische an dieser Kultur. Und weißt du, warum? Weil es ihren Menschen eigen ist, es ist ein Teil ihres Fleisches, ihres Elends und ihrer Leidenschaften.

Zum Ende wirst du ja fast pathetisch.

Haben wir zu Beginn unseres Gesprächs nicht auch über die romantische Seite der Italiener gesprochen? Da hast du sie. Aber vielleicht ist »romantisch« gar nicht das richtige Wort, ich würde es eher »ungestüm« nennen. Eine irrationale lebendige Kraft, die uns am Ende alle ruinieren wird. Aber sie ist schön. Sie ist menschlich.

Danksagung

Wir danken von Herzen: Stefano Piedimonte, Manuela De Caro, Federica Campana, Caroline von Bar, Malin Schulz und dem Ehren-Italiener Axel Hacke. Dann Sabina Kienlechner, Sabina Magnani von Petersdorff und Verena von Koskull für ihre Übersetzungsarbeit. Dem großartigen Helge Malchow, der dieses nicht ganz leicht zu verwirklichende Projekt mit seiner einzigartigen Geduld und Hartnäckigkeit vorangetrieben hat. Und Emanuela, die unsere erste Leserin war und uns Mut gemacht hat.